Geheimnisse für Influencer: Wie man ein professioneller Gamer wird

Inhaltsübersicht

Eine Anleitung, wie man ein Gaming-Influencer wird 5

Videospiel-Influencer 5

Die Arten von Spielerprofilen, die es gibt 7

Wie kann man als Gaming-Influencer Geld verdienen? 9

Die besten Tipps, um ein Gamer-Influencer zu werden 15

Spiele zum Geld verdienen als Influencer 18

Die Macht von Fortnite auf dem Spielermarkt 21

Die Figur eines erfolgreichen Videospiel-Youtubers 24

Videospiele als Geschäftsform 28

Die Voraussetzungen, um ein Videospiel-Youtuber zu werden 30

Finde heraus, wie du einen erfolgreichen YouTube-Spielekanal erstellen kannst 32

Empfohlene Inhaltserstellung, um ein Influencer zu werden 35

Die Tipps, die Sie wissen müssen, um ein Videospiel-Influencer zu werden 38

Wissen, wie Sie Ihre Spielinhalte bewerben können 40

Die Formel, um Marken anzuziehen und als Gamer Geld zu verdienen . 42

Werde ein Gamer-Influencer auf Twitch 44

Der Persönlichkeitstyp eines Influencers auf Twitch 46

Wie man auf Twitch Geld verdienen kann 48

Die Chance, als Facebook-Gaming-Influencer erfolgreich zu sein 50

Alles, was Sie über Gaming-Marketing wissen müssen 52

Die Mythen, die die Spielewelt überwunden hat 54

Alles über Social Gaming Marketing 55

Die Macht der Videospiele im digitalen Medium 58

Die Inhalte, die ein Gamer-Influencer erstellen sollte 61

Marketingstrategien, um ein Gamer-Influencer zu werden 64

Treffen Sie die 6 Herausforderungen für Videospiel-Influencer 69

Die Dominanz der Videospiel-Influencer 73

Werden Sie Teil der Influencer-Community 75

Andere Titel von Red Influencer 77

Geheimnisse für Influencer: Wachstums-Hacks für Instagram und Youtube
.... 77

Eine Anleitung, wie man ein Gaming-Influencer wird

Allmählich heutzutage die Realität des Geldverdienens im Internet, vor allem in der Welt der Videospiele und die Auswirkungen, die sie auf Plattformen wie YouTube und Twitch generiert haben, bedeutet dies, dass es ein breites Szenario von Möglichkeiten, um das Beste aus nur müssen bestimmte Tricks und wichtige Informationen für sie zu wissen.

Die heutigen Generationen haben dieses Ziel des Unternehmertums in der Welt der Spiele in der höchsten Form, suchen, um qualitativ hochwertige Inhalte und andere Methoden für Sie zu einem echten Influencer zu senden, jetzt Videospiele sind nicht mehr nur ein Hobby, sondern eine Leidenschaft, die Einkommen erzeugt.

Videospiel-Influencer

Die Videospielwelt ist ein Hobby, das profitabler wird, als man denkt. Wenn Sie gerne spielen, können Sie diese Aktivität zu einer exklusiven Einnahmequelle machen, indem Sie ein Videospiel-Influencer werden, der eine Kombination aus Werbung und Spielern ist.

Jeder, der ein gewisses Maß an Glaubwürdigkeit in Bezug auf ein Videospiel besitzt und aufbaut, kann seinen Einfluss positiv auf die Nutzer ausüben und so zu einem nützlichen

Verordner für eine Marke werden, um mehr Menschen zu erreichen, und für diese Funktion hat sich die Videospielindustrie als hervorragende Lösung erwiesen.

Vor etwa 3 Jahren, Videospiele sind ein Medium, das immer stärker wird jedes Mal, Videospiele sind ein großartiges Instrument, um Einkommen zu generieren, vor allem, weil die Nutzer weiterhin Unterhaltung in erster Linie zu platzieren, aus diesem Grund hat es den Punkt des Seins ein breiter Markt zu nutzen erreicht.

Die Präsenz der Technologie in jedem Bereich des Lebens, wird ein großer Grund für Sie, um Teil dieser Branche, die immer noch boomt, um Sie zu überzeugen, pate dieser Welt sind die folgenden Daten:

Jedes Spiel hat eine unvorstellbare Anziehungskraft für Marketing und Nutzer, denn die Investitionen, die für die Entwicklung eines Spiels getätigt werden, belaufen sich auf rund 50 Millionen Dollar.

Ein "bösartiger" Nutzer von Videospielen ist in der Lage, mindestens 80 Dollar pro Monat für Abonnements sowie für den Kauf von speziellen Gegenständen oder Skins auszugeben.

Das Spielalter hat sich exorbitant beschleunigt, denn früher waren sie schon mit 10 Jahren Teil der Spielwelt, aber heute sehen wir Kinder schon im Alter von 5 Jahren in diesem Medium, die Digital Natives wachsen also in großem Maße.

Es gibt heute so viele Videospiele, dass man über 950 Jahre bräuchte, wenn man sie alle spielen wollte.

Was die Spielgeräte anbelangt, so besitzen 76 % eine Konsole, um Spiele zu spielen, während 24 % den PC bevorzugen; dies sind die derzeit verwendeten Spielplattformen.
Zwei von drei Menschen haben schon einmal regelmäßig ein Spiel gespielt, und diese Zahl ist dank Facebook und der Kompatibilität vieler Spiele mit mobilen Geräten noch gestiegen.
Heutzutage haben viele Länder Videospiele als Sport eingestuft, und 10 % der Spieler sind ein Vorbild, dem sie folgen können, um Profis zu werden.
Die Verarbeitung all dieser Daten hilft dabei, einen Weg für die Entwicklung als Gamer zu planen. Dabei ist es wichtig, dass man die Macht berücksichtigt, die Videospiele haben, um das Beste aus jedem digitalen Medium zu machen, aber in diesem Umfeld gibt es eine ganze Vielfalt von Gamer-Profilen.

Die Arten von Spielerprofilen, die es gibt

Als Influencer in der Spielewelt kann man viele Rollen spielen, die es gibt:

Gamer: Diese Rolle ist Teil der Videospiel-Fans, diese Art von Influencer konzentriert sich direkt auf den Genuss von Spielen auf bestimmte Spiele, sind diese nach Genre, Plattform, unter anderen Kriterien klassifiziert, weitgehend Anhänger sind diejenigen, die gerne beobachten spielen ein bestimmtes Spiel. Bei dieser Entwicklung ist es notwendig, den Nutzern Lerntechniken zur Verfügung zu stellen, denn das ist die Dynamik, die diese Art von Influencer aktiviert.

Gameplay Gamer: Bei diesem Stil geht es darum, einen "Walkthrough" zu machen, bei dem man ein Spiel mit einem Ende durchläuft, ist eine Modalität für Profi-Influencer, und Follower erfüllen das Bedürfnis, die Entwicklung des Spiels sehen zu wollen, weil sie nicht die Möglichkeit haben, es zu genießen, auch um das Gameplay hinter einer Art von Konsole zu demonstrieren, oder auch durch Ihre Art der Erzählung des Spiels süchtig werden.

Social Gamer/Influencer: Das Ziel dieses Gamer-Profils ist es, Kampagnen mit der Gewerkschaft durch Freunde oder auch mit anderen Nutzern, die sich online verbinden, bekannt zu machen, aber die Hauptanforderung ist es, Charisma auszustrahlen, weil die Gemeinschaft nach einem Account sucht, der mit Comedy verbunden ist, diese Art von Influencer arbeitet mit anderen bekannten Figuren, es geht darum, einen Kreis oder eine Allianz zu schaffen, um jeden Account zu stärken.

Diese Spielertypen sind es, die hinter der Position eines Influencers stehen, es ist eine höchst potentielle Möglichkeit, Einkommen zu generieren, aber es ist entscheidend, die Linie nicht zu verlieren, andere Nutzer zu einer guten Zeit zu bringen, dafür ist die Hauptressource die Übertragung von

Kommentaren, und vor allem, Nutzer zu einer größeren Interaktion einzuladen.

Wie kann man als Gaming-Influencer Geld verdienen?

Ihr Wissen über Spiele zu nutzen, ist eine Realität, zum Teil aufgrund der Macht des digitalen Zeitalters und seiner Auswirkungen auf jeden Bereich. Ein Gamer zu sein, kann das beste Wissen oder die beste Investition sein, um ein hohes Maß an Aufmerksamkeit bei dem Publikum zu erlangen, das sich für dieses Medium interessiert.

Ein High-Level-Gamer und die Kombination von digitalen Plattformen, zu einer interessanten Einnahmequelle, die Ihr Leben verändern kann, weil durch Ihre Fähigkeiten auf einen Titel oder Spiel ist, dass Sie in einem breiten Punkt der Attraktivität umgewandelt werden, das ist die wichtigste Voraussetzung, dass Sie zu starten betrachten müssen.

Es ist eine großartige Illusion, ein Einkommen zu erzielen, indem man das tut, was man am liebsten tut: spielen, wobei man nur seine Fähigkeiten mit der Welt teilen muss, um sich auf einem hohen Niveau zu positionieren, um mit Stil aufzutauchen, muss man den idealen Weg kennen, um ein guter Influencer zu sein und bei diesem Abenteuer nicht zu scheitern, denn es ist eine großartige Option, die die digitale Welt bietet.

Das erste, was zu beachten ist, ist, dass ein großer Spieler durch die Anzahl der Male, die er oder sie das Spiel fortsetzt, geformt wird, d.h. anstatt beim "Game Over" zu bleiben, gibt es mehr Ausdauer, um mehr über das Spiel zu lernen und ihren eigenen Weg zu finden, um die Herausforderungen zu überwinden, das ist die Note, die einen Influencer erwirbt oder ihm Leben gibt.

Wenn Sie die oben genannte Aufgabe erfüllen oder sich als Gamer definieren können, ist das der erste Schritt und eine Garantie dafür, dass Sie in diesem Medium erfolgreich sein können. Außerdem ist der Reiz, nach Updates und Tricks zu suchen und Ihre eigene Strategie zu entwickeln, ein großer Vorteil, um sich der Welt zu präsentieren und sich als Influencer zu definieren.

Solange du auffällige Ergebnisse über ein Spiel verbreiten kannst, wirst du ein hohes Maß an Aufmerksamkeit auf ein Spiel lenken. Auf diese Weise kann sich jeder inspirieren lassen und seine Fragen beantwortet bekommen, indem er dir zuschaut, plus die Dynamik eines Influencers.

Wenn Sie sich darüber im Klaren sind, was diese Tätigkeit mit sich bringt, und die Bereitschaft haben, sich als Influencer zu engagieren, können Sie Teil eines großartigen Abenteuers werden, das Ihnen sogar einen großartigen Lebensstil bescheren kann, weshalb Sie mit den folgenden Empfehlungen beginnen sollten:

Definieren Sie den Weg

Wenn du ein Influencer in der Gaming-Welt sein willst, musst du, bevor du mit diesem Engagement beginnst, berücksichtigen, dass es sich um ein Medium handelt, in dem es ein hohes Maß an Wettbewerb gibt, jeder will Geld verdienen, indem er spielt und qualitativ hochwertige Inhalte sendet, also musst du den Weg definieren, um deine Ziele in diesem Medium nicht aus den Augen zu verlieren.

Sie müssen auch Geduld haben, um Ihre Rolle als Influencer Schritt für Schritt aufzubauen. Dazu setzen Sie sich kurz-, mittel- und langfristige Ziele, so dass Sie im Laufe der Tage zu einem echten Einkommen aufsteigen können, wobei Sie die Realität nicht aus den Augen verlieren dürfen.

Aus dem Nichts heraus ein ganzes Einkommen durch Spiele zu schaffen, ist eine Reise, die Anstrengung und Investition von Zeit erfordert, in einem Tag werden Sie nicht ein Influencer, so viele aufgeben und denken, dass es nicht ein profitables Medium ist, aber es geht darum, konsequent zu sein, um zunächst eine große Entwicklung auf der Plattform und dann monetarisieren.

Wählen Sie ein Spiel zum Spielen

Zweitens, ein wichtiger Punkt ist ein Spiel, das ist das Hauptthema, um ein Influencer zu sein, aber bei dieser Entscheidung müssen Sie eine große Verbundenheit mit Ihrem Geschmack und Ihren Fähigkeiten beibehalten, denn anstatt sich für eine beliebte Online-Alternative zu entscheiden, ist es ein großer Fehler, sich für ein Spiel zu entscheiden, das Sie nicht mögen und bei dem Sie nicht herausstechen.

Wenn Sie also zum Beispiel ein beliebtes Spiel wie Counter Strike nicht kennen oder beherrschen, sollten Sie nicht an diesem Spiel teilnehmen, egal wie viel Anziehungskraft es ausübt, wichtig ist, dass Sie sich persönlich abheben, denn nur wenn Sie es mögen oder sich entscheiden, mit großem Engagement zu beginnen, werden Sie in der Lage sein, eine große Summe Geld zu verdienen.

Obwohl der Unterschied zwischen dem einen und dem anderen Weg darin besteht, dass der Weg zum Influencer kürzer und schneller ist, wenn Sie das Spiel mögen oder Erfahrung damit haben, sollten Sie sich andernfalls auf eine frustrierende Reise einstellen.

Wetten auf neue Spiele

Eine weitere Alternative, die Sie nutzen können, um zu einem Influencer zu werden, besteht darin, sich den Ruhm oder die Beliebtheit von Spielen zunutze zu machen, die gerade erst auf den Markt gekommen sind.

Durch die Entwicklung einer Fülle von Fähigkeiten und Tricks über ein neues Spiel, haben Sie auch die Macht, kreative und viel mehr originelle Inhalte als andere Spiele, die derzeit über-exploited sind, das Ideal dieser Form des Unternehmertums ist, dass Sie ein Experte auf einem neuen Thema zu werden und das verursacht eine Sensation.

Nutzen Sie Plattformen wie Twitch

In der Welt der Gamer gibt es viele Alternativen, um auf verschiedenen sozialen Plattformen erfolgreich zu sein, in dieser Welt können die Bedeutung und die Funktionen von Twitch nicht übersehen werden, dieses Portal ist eine Gelegenheit, innerhalb der Übertragung per Streaming zu unternehmen, wo Millionen von Spielern Inhalte und Tutorials mit der Welt teilen.

Diese Art von Plattform hilft dabei, ein Publikum aufzubauen, das als Hauptbasis für einen Influencer dient, um exponentiell zu wachsen, ohne dabei zu vergessen, dass es auch eine Plattform ist, um Einkommen zu generieren, solange Sie eine bestimmte Anzahl von Followern erreichen und die Bedingungen erfüllen können.

Wenn Sie es schaffen, ein Partner zu werden, können Sie 25 % der Verkaufseinnahmen aus der Werbung erhalten, die in einem Video geschaltet werden kann. Ganz zu schweigen davon, dass es sich um ein soziales Netzwerk handelt, das offen für Spenden ist, so dass der Aufbau einer großen Fangemeinde doppelt vorteilhaft ist und die Nische darstellt, die Sie brauchen.

Online-Spiele in Betracht ziehen

Auf dem Weg zum Top-Gamer-Influencer kann man sich auch an die riskantere Variante wagen, in die Welt der Gamer einzusteigen und sich der Herausforderung des Online-Glücksspiels zu stellen, bis hin zum Platzieren von Online-Wetten auf Glücksspiele, die den Zuschauern viel Spannung bieten können.

Ein solcher Weg ist eine großartige Möglichkeit, Einnahmen zu generieren und auf diese Weise mehr Anerkennung innerhalb der digitalen Gemeinschaft zu erlangen. Es ist eine Praxis, die man in Betracht ziehen sollte, um sich einen Namen und vor allem die Bewunderung der Fans für die Art und Weise, wie man spielt, zu verdienen.

Mehrere Online-Plattformen nutzen diese Art der Entwicklung und ermöglichen den Zugang zum Spendenempfang. Wenn es Ihnen also gelingt, eine große Anziehungskraft zu erwecken, können Sie die Einkommenszahlen in hohem Maße vervielfachen - es hängt alles davon ab, was Sie verbreiten können.

Verkauft entwickelte Konten

Solange du dich einem Spiel widmest und deine Fortschritte im Spiel auf einem hohen Niveau sind, kannst du ein fortgeschrittenes Konto einrichten. Diese Art von Konto ist der Wunsch vieler Leute, die nicht bei Null anfangen wollen, so dass du die Möglichkeit hast, es zu vermarkten und dank deiner Qualitäten Geld zu bekommen.

Aber man kann nicht nur den Account verkaufen, sondern auch das Gaming-Equipment. Dies ist das Ziel vieler Influencer-Gruppen, die sich dem Team-Gaming verschrieben haben, um mehr Gaming-Tools zu bekommen, vor allem weil Anfänger mit mehr Kapazität starten wollen und ein Equipment die Lösung ist.

Obwohl es sich um eine Option handelt, die für viele einen kleineren Geldbetrag darstellt, geht es darum, immer mehr Monetarisierungsalternativen zu kennen, die es in der Welt der Spiele gibt, die zu einem vielversprechenden Szenario geworden sind, können Sie Ihren Traum, ein großer Gamer zu sein, verwirklichen und dabei bestimmte Verpflichtungen erfüllen.

Die besten Tipps, um ein Gamer-Influencer zu werden

Die Ähnlichkeit zwischen den Aktionen eines Spielers und eines Influencers, haben zusammengeführt, um ein Szenario der großen Chance zu aktivieren, um Einkommen zu generieren, da die letzten 10 Jahre zu erreichen, materialisieren Sie Ihre Bemühungen um Geld Zahlen ist eine Realität, so ist es eine sehr attraktive Tätigkeit für mehr Nutzer.

Es gibt viele eindeutige und reale Beispiele von Spielern, die Millionen von Anhängern erreicht und Tausende von Dollars pro Monat verdient haben, und dies ist eine Möglichkeit, zu der viele dank der Macht der digitalen Plattformen und auch der Fans der Spielwelt Zugang haben.

Um ein Influencer zu werden, indem man den Gaming-Trend ausnutzt, muss man sich nur von jedem Tipp inspirieren lassen, der ausgegeben wird, wobei man die Follower von sozialen Netzwerken wie Facebook nutzen kann, um sein Projekt in großem Stil zu präsentieren, solange man ein Medium bekommt, durch das man mehr Besucher bekommt, wird es für einen von Vorteil sein.

Hinzu kommt die Alternative, die die Marken bieten, denn sie sind diejenigen, die wirklich dafür verantwortlich sind, die Figur des Influencers in diesem Spielmedium zum Leben zu erwecken, und auch die Videospielmarken haben sich dies zunutze gemacht, es gibt ein hohes Maß an Anwerbung oder Einstellung, was die Vielfalt der Möglichkeiten zur Monetarisierung zeigt.

Heutzutage ist Twitch die perfekte Plattform, um Ihre Karriere als Gamer zu präsentieren, vor allem wegen der Freiheit, die Sie haben, um Live-Übertragungen zu machen, um jeden Gaming-Fan mit Begeisterung zu erfüllen.

Aber um mit der Arbeit eines Spielers eine große Summe an Einkommen zu erzielen, sollten Sie darauf abzielen, 10.000 Follower zu erreichen, ohne dabei die Behandlung des Publikums zu vernachlässigen, denn das ist es, was eine positive Wirkung des "Engagements" aufbaut:

Abonnements

Die wichtigste Monetarisierungsformel in der digitalen Welt ist die Publikumsattraktion, die dazu führt, dass man durch die Unterstützung der Follower eine bessere Position als Influencer einnimmt und eine Qualitätsleistung erbringt, die sich in Verträgen mit vielen Videospielmarken und in der Realisierung vieler Dynamiken niederschlägt.

Um sich den Nutzern zu präsentieren, müssen Sie spezielle Inhalte anbieten, exklusive Streams ausstrahlen und Ihre Zielgruppe priorisieren. Außerdem ist es wichtig, herunterladbare Inhalte zu erstellen, damit sie mit Nutzern geteilt werden können, die Ihrem eigenen Image näher stehen.

Pflegen Sie Beziehungen zu YouTube, Twitch, Patreon und Mixer.

Das System dieser sozialen Netzwerke stellt eine Nische von großem Wert für Ihre Ziele dar, vor allem, weil sie die Möglichkeit haben, Abonnements abzuschließen und monatliche Gebühren zu erheben, die zwischen 1 und 5 USD liegen, es gibt klare Beispiele von Streamern, die es geschafft haben, bis zu 500.000 USD durch Abonnements zu verdienen.

Spenden

Abonnements sind nicht mit Spenden zu verwechseln, da diese Beiträge über Plattformen wie Twitch und YouTube empfangen werden können, diese werden automatisch an

PayPal oder eine Kreditkarte weitergeleitet, diese werden entsprechend der Dynamik Ihrer Inhalte empfangen und Sie müssen mit einer privilegierten Behandlung reagieren.

Monetarisierung mit Twitch

Auf Twitch gibt es eine klare Möglichkeit, die Monetarisierung sehr schnell zu erreichen, Sie müssen mindestens 100 Abonnenten zählen und konstant 5 Besucher pro Stream halten, während Sie als Partner mindestens 70 Besucher pro Stream und 2000 Follower erreichen müssen, damit Sie mit den Abonnements rechnen können.

Jedes dieser Konzepte lässt sich mit viel Ausdauer verwirklichen, der Weg als Influencer ist reine Kreativität, aber vor allem das Gefühl der Verbundenheit mit dem Spiel, dem man sich widmet, zumal das Thema Gaming auf allen möglichen Plattformen mehr Sinn macht und man auf ihnen Präsenz gewinnen kann.

Spiele zum Geld verdienen als Influencer

Wenn Sie bestimmte Themen oder Aktionen beherrschen, die zum Erfolg als Influencer führen, sollten Sie als Nächstes die Spiele berücksichtigen, die gerade im Trend liegen:

Liga der Legenden

Es ist ein sehr beliebtes Online-Rollenspiel, und eine große Anzahl von Influencern hat sich nach seinen Schlachten gebildet, aber was das Einkommen angeht, so schafft diese Art von Spiel eine Lücke, indem es wöchentliche Turniere veranstaltet, die von einer Vielzahl von Unternehmen organisiert werden, die die Teilnehmer bezahlen und belohnen.

Wenn du dich diesem Spiel widmest, kannst du Teil dieser Teams sein und Geld verdienen und sogar die Anhängerschaft einer großen Anzahl von Nutzern gewinnen, so dass du, wenn mehr Spiele gewonnen werden, ein totaler Einflussnehmer mit Allianzen in verschiedenen Teams innerhalb dieser Welt sein kannst.

GoldenTowns

Inmitten der traditionellen Spiele, die im Trend liegen, hebt sich GoldenTowns ab, da es ein idealer Weg aus der Routine ist, bei dem die Dynamik auf dem Aufbau einer Gesellschaft beruht. Mit diesem Konzept können Sie ohne große Komplikationen ein Influencer der ersten Ebene werden.

Diese Plattform ermöglicht es Ihnen auch, Einkommen zu generieren, vor allem, wenn Sie eine gute Menge an digitalem Geld erreichen, das Sie in echtes Geld umwandeln können, obwohl die Sprache ein Hindernis für dieses Spiel war, es ist komplett in Englisch, wenn Sie es jemals gespielt haben, können Sie diese Alternative nicht übersehen, um Einkommen zu generieren.

Exodus3000

Es handelt sich um ein Multiplayer-Spiel, das auf Gebäudestrategien basiert. Sein Angebot ist eines der beliebtesten online, da seine Dynamik auf dem Leben der Menschen auf dem Mars basiert, bevor dieses Szenario beginnt, eine große Unterhaltung für lange Stunden zu entfalten, bis es ein echter Trend in Videospielen wurde.

Inmitten dieser stundenlangen Spiele können Sie Mars-Dollars verdienen, da Sie einen bestimmten Betrag sammeln, so dass der Wechsel zu echten Dollars erfolgen kann, so dass Sie mit diesen Belohnungen mit Motivation gefüllt werden, um eine große Zeit des Abenteuers zu haben, nach jeder Erforschung haben Sie die Möglichkeit, Einkommen zu generieren.

SecondLife

Die Spiele, egal wie alt sie in Bezug auf die Entwicklung sind, sind immer noch eine Option, ein Influencer zu werden, also wenn Sie dieses Spiel lieben, können Sie nicht länger warten, obwohl Sie bereit sein müssen, zu investieren, weil das Einkommen durch LinderDollars zu verdienen ist und bestimmte Überweisungen gemacht werden müssen.

Runescape

Innerhalb der Rollenspiele ist dies eine vielfältige Option für Sie, um eine breite Palette von Aktivitäten, von Kämpfen bis zum Abschluss von Quests, wie es ein breites Angebot an erstaunlichen Funktionen zu suchen, um eine erhebliche

Menge an Gold zu sammeln, so dass Sie echte Dollar verdienen können.

Indem Sie jedes dieser Spiele beherrschen, können Sie eine ganze Strategie entwerfen, um sich in der Welt der Gamer abzuheben. Dieses Umfeld scheint sich nicht zu ändern, sondern voranzukommen, daher ist es wichtig, dass Sie diesen Bereich nutzen können, um eine weitere Einnahmequelle zu finden, die Ihr Leben verändern wird, indem Sie das tun, was Sie am meisten lieben.

Obwohl, wie bereits erwähnt, der erste Schritt oder Wert darin besteht, Geduld zu haben, wird man mit Eile nicht zum Influencer, und bei jedem Fall oder jeder Aktion, die keine Ergebnisse bringt, gibt es immer Möglichkeiten, das Projekt fortzusetzen, solange man vorsichtig vorgeht, kann man ein frustrierendes Ereignis in eine Gelegenheit verwandeln, um ein Profi zu werden.

Die Macht von Fortnite auf dem Spielermarkt

In der Mitte der gefragtesten Spiele, um Einkommen zu generieren, gibt es keinen Zweifel, dass Fortnite für das Niveau des Trends, den es weltweit verursacht hat, herausragt, seine Gemeinschaft ist in vollem Gange, daher ist es ein Punkt von großer Relevanz, einen Ansatz mit diesem Videospiel zu haben.

Wenn Fortnite nicht dein Ding ist, kannst du zumindest in diese Spielwelt einsteigen, indem du ein paar Neuigkeiten mitteilst. Und ohne die Tatsache zu übersehen, dass du umso bessere Entscheidungen treffen kannst, je mehr du über den Spielermarkt weißt, kannst du dich an dem weltweiten Turnier orientieren, das zu einem der am meisten gefeierten Events geworden ist.

Allein mit einem Spiel dieses Niveaus lässt sich eine beträchtliche Menge Geld verdienen. Wenn man sich mit dieser Art von Trend beschäftigt, kann man ihn ernst nehmen, denn es handelt sich um ein Spielerphänomen, das so viel Aufmerksamkeit auf sich zieht, dass es mit gewöhnlichen Sportarten verglichen wird, was eine große Motivation ist, diese Alternative zu kennen.

Wenn Sie neugierig sind, sollten Sie zunächst wissen, dass dieses Turnier 3 Millionen Dollar einbringt, eine Zahl, die sich von anderen Sektoren abhebt. Es ist erstaunlich, welche Auswirkungen Videospiele und Monetarisierungsoptionen haben.

Das Beste daran ist, dass Sie kein unschlagbarer Spieler sein müssen, sondern eher ein höheres Unterhaltungsniveau anstreben, damit Sie das Publikum an sich binden können.

Die Popularisierung der Spielweise von Fortnite ist ebenfalls ein Highlight, und zwar bis zu dem Punkt, an dem man anfängt, Geld zu verdienen, nachdem man jeden Gegner besiegt hat, vor allem, wenn man sich an einer Herausforderung beteiligt. Diese Art von Inhalten wird sowohl auf YouTube als auch auf Twitch monetarisiert, während es sich um ein Spiel handelt, das In-Game-Promoter hat,

Durch den Sieg können Sie einen großen Funken oder wettbewerbsfähige Energie, die Sie in einem der besten Plätze unter den Nutzern, wo Sie alles tun müssen, um das Adrenalin des Überlebens zu maximieren, das ist die Mechanik, die Sie auf die Videos, die Sie machen, zusätzlich zur Teilnahme an Siege, die von $ 5 zahlen zu demonstrieren.

Wie man mit Fortnite ein Influencer wird

Dank der Popularität von Fortnite muss man nicht unbedingt Millionen von Followern haben, aber mit herausragenden Fähigkeiten kann man das Interesse einer Marke wecken und eine Monetarisierung erreichen, vor allem mit dem Profi-Spielermodus von Fortnite. Das Wichtigste ist, dass man mit lokalen Unternehmen auf dem Laufenden bleibt, damit man von Werbeaktionen profitieren kann.

Da man sich mit allem beschäftigen kann, was mit Spielen zu tun hat, kann man sich mit Bekleidungsgeschäften, Händlern von Computerzubehör, Gamer-Merchandise und so weiter beschäftigen, solange man zeigen kann, wie bekannt man in einem Spiel ist, kann man als Aushängeschild gelten, um in das Spiel einzusteigen.

Langfristig kann die folgende Maßnahme als Methode zur Einkommenserzielung entwickelt werden:

Vermarktung Ihrer Felle

In Fortnite gibt es Skins, die für einen Charakter notwendig sind, um abheben zu können. Wenn man also eine gute Menge dieser Gegenstände verdient, kann man sie ohne Probleme verkaufen, was den Nutzern viele Stunden erspart, um ein höheres Level zu erreichen, obwohl es temporäre Gegenstände gibt, die als knappes Zubehör verkauft werden.

Es gibt Belege für echte Verkäufe, bei denen die Skins auf Ebay einen Wert von bis zu 2000 Dollar erreichen. Dieses Spiel bietet also viele Alternativen, um Geld zu verdienen, und mit Ihren Fähigkeiten können Sie es sehr weit bringen, Sie müssen nur den Ehrgeiz haben, ein Konto der ersten Stufe zu wollen und es dann als Mittel zur Einkommenserzielung zu nutzen.

Die Figur eines erfolgreichen Videospiel-Youtubers

Die Figur des Yotutubers hat sich zu einem idealen Weg entwickelt, um Einkommen zu generieren, immer mehr Aktivitäten können auf diesem sozialen Netzwerk entwickelt werden, und Videospiele sind auch Teil dieser Plattform, es ist ein guter Ort, um sich zu widmen und zeigen Sie Ihre Fähigkeiten, auf der Suche nach Ihnen, um Inhalte von großem Vergnügen zu senden.

Bei YouTube ist es wichtig, eine direkte Verbindung mit dem Publikum zu suchen und zu verstärken. Ob es sich um ein soziales Netzwerk für visuelle Unterhaltung oder um die Lösung eines Problems bei einem Spiel handelt, dies sind die Maßnahmen, die Sie einhalten müssen, um die erwarteten Auswirkungen auf die Konformation Ihres Publikums zu erzielen.

Einen Kanal aus der Masse herauszuheben, ist zu einer großen Aufgabe geworden, vor allem wenn es darum geht, ihn zu monetarisieren, wie es beliebte Kanäle wie Vegetta777, RevenantLOL und andere getan haben. Diese Beispiele können Sie dazu inspirieren, sich vorzustellen, wie weit Sie mit dem richtigen Ansatz gehen können.

Die Denkweise eines Gamer-Influencers

Der Wettbewerb in der Welt der Spiele nimmt zu, aber gleichzeitig gibt es großartige Möglichkeiten wie Preise und Turniere, um als großartiger Spieler aufzusteigen und sich für Monetarisierungsmaßnahmen zu entscheiden, aber um beide Ziele zu erreichen, muss man etwa 14 Stunden pro Tag aufwenden, um im Spiel voranzukommen.

Das Wertvollste ist, dass du Millionen von Zuschauern hast, die du mit guten Inhalten zufrieden stellen kannst, so dass du mit deinen Zügen oder Aktionen ihr Interesse voll und ganz gewinnen kannst. In mehreren Ländern wird das Spielen als

E-Sport angesehen, und der Erfolg wird nach den Spielen und der Höhe des Kontos gemessen.

In beliebten Spielen wie LoL, DotA 2, Counter Strike oder FIFA finden zahlreiche Herausforderungen statt, die die ganze Welt in ihren Bann ziehen, da nach jedem Spiel ein hohes Maß an Spannung zu spüren ist.

Das Wesen der Online-Welt ist eine endlose Arena von Möglichkeiten, sich als Influencer zu etablieren. Da jeder minimale Wettbewerb bis zu 10 Millionen Dollar an Preisgeldern einbringen kann, wecken diese Echtzeit-Feiern eine Menge Emotionen, vor allem wenn man die Stärken und Schwächen der Charaktere beherrscht.

Ein Gamer muss organisiert sein, um ein Influencer zu sein, denn wenn man viele Stunden mit einem Spiel verbringt, kann man den Werbeansatz verlieren, um sich der Welt zu präsentieren, man muss zwei Taktiken anwenden, eine für das Spiel und eine für die sozialen Medien.

Damit ein Hobby zu einem Lebensstil wird, muss man sich vor allem engagieren, denn die großen Spieler bestätigen, dass sie sich nicht einbilden, einen hohen Bekanntheitsgrad erreicht zu haben, der sich erst durch das Sammeln einer großen Zahl von Zuschauern bildet, bis sie ein angesehenes Image ausstrahlen.

Viele Spieler haben 4 Jahre oder länger gespielt, um sich ein fortgeschrittenes Konto aufzubauen. Deshalb ist es wichtig, sich Ziele zu setzen, damit es nicht nur um sinnloses Spielen geht, sondern damit man seine Fähigkeiten mit der Welt teilen und dabei Geld verdienen kann.

Am Anfang gab es eine Gamer-Gemeinschaft, die viel leichter zu überwinden war, das heißt, es wurde eher als Hobby gespielt, aber jetzt ist es ein Kampf der Ebenen, in dem es Top-User aller Art gibt, obwohl es nichts gibt, was man nicht erreichen kann, um ein Profi zu sein, muss man Ausrüstung haben, die man nach und nach sammeln kann:

Es hat einen ergonomischen Stuhl, um mit mehr Ruhe zu spielen, ist die Unterstützung auf dem Rücken nützlich für Sie stundenlang spielen ohne Komplikationen zu verbringen.

Bevorzugen Sie die Anschaffung einer mechanischen Tastatur, denn für jeden Gamer ist die Steuerung ein entscheidender Schritt, vorausgesetzt, Sie können sich mit der neuesten Technologie ausstatten, um auf jedes Spiel mit erstklassiger Leistung zu reagieren.

Verwenden Sie High-Speed-Zubehör, kaufen Sie z. B. eine Maus, damit Sie jede Taste einrichten und jede Funktion des Spiels in Sekundenschnelle aktivieren können.

Verwenden Sie einen Bildschirm, der Komfort erzeugt, ist es empfehlenswert, dass es 21-23 Zoll, wenn Sie populär werden können Sie in dieser Ressource zu investieren, so dass Sie kümmern sich um Ihre Sehkraft und dass es eine Geschwindigkeit von 144 hz hat.

Verbessern Sie das Erlebnis mit Headsets, mit denen Sie auf jedes Ereignis im Spiel reagieren können.

Grafikkarte mit mindestens 2 GB Arbeitsspeicher, die speziell für diese Art der Nutzung vorgesehen ist.

Solid-State-Festplatte, die keine Probleme bei der Ausführung des Spiels verursacht.

RAM-Speicher von mindestens 8 GB.

Mehrkerniger i7-Prozessor.

Stabile Internetverbindung, die die Spieltage nicht unterbricht.

Ein Team von Freunden zu versammeln, um Videospiele zu spielen, ist eine Lösung, um ein führender Influencer zu werden, denn man kann sich zusammensetzen, um Taktiken zu besprechen, und es funktioniert wie persönliches Training.

Videospiele als Geschäftsform

Das Potenzial, das in der Videospielindustrie besteht, kann von allen Arten von Spielern genutzt werden, Sie müssen nur feste Schritte vor der Welt zu nehmen, für diese müssen Sie eine Karriere als Influencer zu bilden, vor allem, um die Vorteile der hohen Niveau der Zuschauer, die diesen Bereich bietet.

Videospiele werden als ein Szenario betrachtet, das bis zu 500 Millionen Dollar pro Jahr einbringt, also eine große Chance, die optimale Bedingungen für die Entwicklung bietet. Die Zielgruppe dieses Mediums sind Menschen zwischen

15 und 30 Jahren, und der Konsum dieser Art von Inhalten ist hoch.

Die Höhe der Investitionen und die Beteiligung von Millennials ist die wichtigste Zutat für Sie, um sich selbst davon zu überzeugen, ein beliebter Akteur in diesem Medium zu sein, solange Sie ein professioneller Akteur werden und sich vergrößern, können Sie Zugang zu vielen Möglichkeiten haben, Einkommen zu generieren.

Die Gehälter in Europa liegen zwischen 1500 und 5000 Euro pro Monat, ganz zu schweigen von den Einkünften, die ein Spieler aus der Werbung erzielt, die mit der Übertragung jedes Spiels im Internet verbunden sein kann.

Ein Gamer braucht eine Marke, die hinter seinen Handlungen steht, aber um dieses Niveau zu erreichen, zählt die Fangemeinde, die in diesem Medium bis zu 40 % aus Amateuren besteht, und eine hohe Anzahl von Zuschauern, die ein wesentlicher Schlüssel für das Geschäft ist, das sich auf Streaming-Plattformen für Videospiele etabliert hat.

In diesem Sinne ist jede der Funktionen von Twitch von großem Wert, wo die hohe Möglichkeit der Erzielung von Werbeeinnahmen zu finden ist, alles dank der Hingabe, das Bild des Spielers für jedes soziale Netzwerk zu monetarisieren, in der Mitte der Verbindung von Zuschauern haben Sie die Freiheit, das Beste von Ihrem Können zu übertragen.

Um in diesem Geschäft seinen Lebensunterhalt zu verdienen, muss man zwar viel Arbeit investieren, um einen hohen

Grad an Hingabe zu erreichen, aber man muss auch eigene Ansprüche an sich selbst stellen, damit man in seinem Spiel wachsen kann, denn heutzutage gibt es für jedes Spiel verschiedene Trainer, um den Instinkt zu steigern.

Die Voraussetzungen, um ein Videospiel-Youtuber zu werden

Um ein Top-Youtuber zu werden, müssen Sie die folgenden Anforderungen erfüllen, um Teil der Welt der Videospiele zu werden, die immer mehr Gewinn abwirft:

Das Wichtigste ist, dass Sie gerne spielen, denn wenn Sie es nur tun, um Geld zu verdienen, wird es ein langsamer Prozess sein, aber wenn Sie Geld für das bekommen, was Sie lieben, wird es eine einfache und angenehme Tätigkeit.

Zweitens besteht die Verpflichtung, einen YouTube-Kanal zu erstellen, der auffällig und mit der Art des Spiels, das Sie spielen, kompatibel ist. Es ist wichtig, Zeit und Investitionen zu investieren, um eine großartige Präsentation für das Publikum zu erstellen, damit Sie in kurzer Zeit ein Influencer werden.

Auch die Aufnahmegeräte dürfen nicht übersehen werden, denn sie sind unerlässlich, um ein großartiges Bild vom Spiel, aber auch von Ihnen zu vermitteln. Die Qualität der Kamera, die Sie besitzen, sowie die Aufnahmesoftware werden also zu Ihren wichtigsten täglichen Verbündeten bei der Erstellung herausragender Inhalte.

Nach den Werkzeugen müssen Sie sich um die Kommunikation mit dem Publikum kümmern. Der Mikrofonaspekt und die Dialoge, die präsentiert werden, werden zu einem großen Element oder einer Motivation für Sie, um eine größere Anzahl von Ansichten zu erhalten und dass sie auf Ihre Veröffentlichungen aufmerksam werden.

Nicht zuletzt ist die Demonstration Ihrer Fähigkeiten auf dem jeweiligen Videospiel, als Ergebnis der Spiele können Sie eine Menge Interesse an Ihrem Kanal zu schaffen und bauen Sie Ihre Karriere als Influencer.

Diese Anforderungen sind grundlegend und nicht komplex, wenn man sich wirklich mit der Welt der Spiele verbindet. Am Anfang kann man sich auf einfache Mittel verlassen, um die Häufigkeit der Veröffentlichung zu gewährleisten, und wenn man Fortschritte macht, kann man in mehr Ausrüstung investieren, damit die Qualität gewährleistet ist.

Sie können Ihre Pläne als Influencer nicht wegen Budgetproblemen aufgeben, ganz zu schweigen davon, dass es sich um ein kompliziertes Engagement handelt. Andererseits stellt sich, wie oben erwähnt, die Frage nach der Wahl des Spiels, aber wenn Sie bezahlte Spiele mögen, können Sie mit einer kostenlosen Version beginnen, um ein Publikum zu gewinnen.

In jeder Region der Welt gibt es einen anderen Trend für jedes Spiel. Diese Überlegungen sind ein guter Ausgangspunkt, um ein erfolgreicher Influencer zu werden, vor allem, wenn man über die Teilnahme an Turnieren nachdenkt oder Allianzen mit anderen beliebten Youtubern eingeht, die man herausfordern kann, um sich in der Mitte des Spiels groß zu präsentieren.

Finde heraus, wie du einen erfolgreichen YouTube-Spielekanal erstellen kannst

Wenn du dich entschlossen hast, die YouTube-Funktionen zu nutzen, um mit deinen Gamer-Fähigkeiten Abonnenten zu gewinnen, darfst du die Erstellung des Kanals nicht außer Acht lassen, denn bei der Wahl des Namens für den Kanal und für dich selbst, denn durch diesen Namen wird man sich an dich erinnern, ist es am besten, wenn du versuchst, ihn leicht zu schreiben und ihn dir auch zu merken.

Auch wenn es einen anderen Youtuber mit demselben Namen gibt, sollten Sie diese Idee aufgeben. Das Wichtigste ist, dass es sich um ein absolut kreatives und originelles Projekt handelt, damit Sie auf dem richtigen Fuß starten:

Entwerfen Sie ein Logo und ein ganzes Thema, müssen Sie berücksichtigen, wie Sie in Erinnerung bleiben wollen, so dass nach diesen Details können Sie sich für die Nutzer in der Art und Weise Sie wollen, können Sie für die Hilfe eines

Designers entscheiden oder verwenden Sie kostenlose Tools, um Ihr Wesen auf YouTube anpassen.

Vervollständigen Sie jede Information auf YouTube, die Informationen, die Sie mit der Öffentlichkeit teilen, ist ein Link, den Sie behalten müssen, was Sie sind oder zu werden beabsichtigen, kann auf diesen Einstellungen oder Anforderungen erfasst werden, wo Sie das Spiel veröffentlichen können und gewinnen Publikum Attraktivität wie Sie Videos hochladen.

Stellen Sie **vorgestellte Kanäle** vor, präsentieren Sie die Kanäle Ihrer Freunde oder Allianzen, die Sie mit anderen Youtubern eingegangen sind, um dies als Möglichkeit der Zusammenarbeit zu nutzen. Es kann auch ein Anstoß sein, einen zweiten Kanal zu präsentieren, den Sie besitzen.

In der Kopfzeile des Kanals haben Sie die Möglichkeit, Links zu verbreiten. So können Sie Traffic verbreiten oder das Publikum zu Ihren anderen sozialen Netzwerken leiten, das Thema des ersten Links ist eine wichtige Wahl, denn Sie haben die Freiheit, einen kleinen Text als Beschreibung zu teilen.

Kümmern Sie sich um die Titel der Videos, nach den Titeln müssen Sie weiterhin die Aufmerksamkeit der Nutzer fesseln, vor allem um mit der Suche kompatibel zu sein, die sie innerhalb von YouTube durchführen, eine weitere wesentliche Maßnahme ist es, eine kurze, aber beschreibende

Phrase als Schlüssel zu entwerfen, um den Verkehr zu Ihrem Video anzuziehen.

Erstellen Sie eine große Beschreibung der Videos, die Erweiterung der Informationen hinter einem Video ist Teil der Beschreibung, ist es eine Vorwegnahme zu haben, Kontakt mit dem, was das Video bietet, nach diesen Daten können erleichtern, dass sie Sie schneller und einfacher zu finden.

Posten Sie Videos, die mit Ihrem Thema zu tun haben. Die Präsenz auf YouTube kann aufrechterhalten werden, indem man konstant ist, also können Sie Inhalte teilen, die mit dem Spiel, das Sie spielen, zu tun haben, auf diese Weise erhalten Sie mehr Aufrufe des Kanals und somit Ihrer Videos.

Erzeugen Sie Präsenz in Ihren sozialen Netzwerken. Indem Sie Ihren sozialen Medien Aufmerksamkeit widmen, können Sie Ihr Image als Influencer bestätigen, denn jedes einzelne Netzwerk ist eine echte Gelegenheit, Interesse zu wecken.

Bauen Sie Verbindungen oder Kooperationen auf. Sie müssen Nutzer haben, die Ihnen einen Mehrwert bieten, damit Ihr Kanal eine höhere Relevanz erlangt; es ist eine gegenseitige Hilfe, um ein potenzielles Wachstum mit Hilfe anderer Youtuber aufzubauen.

Suchen Sie nach Sponsoring, YouTube ist eine großartige Möglichkeit, verschiedene Sponsoring-Methoden einzurichten. Hinter Ihren Inhalten können Sie eine ganze Reihe von

Marketingtechniken einsetzen, die eine großartige Nische darstellen, um im Stil von Amazon-Affiliates oder Videospielfirmen Geld zu verdienen.

Jede dieser Aufgaben hat einen genauen Zweck für Ihren Kanal zu skalieren, solange Sie die Aufmerksamkeit auf jeden Punkt widmen können, werden Sie beginnen, Ergebnisse schneller zu bemerken, in den kleinen Details innerhalb YouTube ist der Weg zu einem großen Influencer zu werden und stellen Sie Ihre Fähigkeit als Gamer.

Empfohlene Inhaltserstellung, um ein Influencer zu werden

Die Qualität hinter jedem Inhalt ist eine Grundvoraussetzung, dies ist der Ausgangspunkt für Sie, um wirklich ein Influencer sowohl auf YouTube und Twitch, die Empfehlungen, die Sie in jedem sozialen Netzwerk setzen können, so dass Sie nicht verpassen die Möglichkeit, mit Ihren Fähigkeiten zu monetarisieren.

Es ist nicht zu übersehen, dass die digitale Welt am Anfang kompliziert ist, vor allem, wenn man an Popularität gewinnen will und die Konkurrenz groß ist. Solange man Erfahrung mit einem Spiel hat, erwirbt man nach und nach Kenntnisse über soziale Netzwerke, es gibt keine Eile und es ist nicht so unerreichbar, wie man denkt.

Das Wichtigste, was es zu überwinden gilt, sind die Einschränkungen, die bei der Videobearbeitung auftreten können, und auch die Wahl des Thumbnails, da es ein Symbol ist, das jedem Nutzer als erster Eindruck dient, aber das sind Details, die sehr leicht gelöst werden können, es geht nur darum, sich darum zu kümmern.

Der Erwerb von Wissen über das Wachsen als Influencer in der Gaming-Welt ist einfach, die Grundlagen sind, dass Sie lernen können, mit vielen Situationen umzugehen und sie zu überwinden und zu verbessern, bis Sie auf die Ebene, die Sie erwarten, um in der Lage sein, um Einkommen aus der Beschäftigung mit Ihren Inhalten auf YouTube zu generieren. Um qualitativ hochwertige Inhalte über Videospiele in diesen sozialen Netzwerken zu erstellen und zu erfassen, müssen Sie diese Maßnahmen durchführen, um effektiver zu wachsen:

Organisieren Sie Ihre Inhalte, erstellen Sie einen Kalender, der es Ihnen ermöglicht, in Ihren sozialen Medien konsistent zu sein. So können Sie Ihre Fähigkeiten weiter ausbauen und vernachlässigen nicht Ihre sozialen Medien als Verbindung zum Publikum, das Sie zum Influencer ernennen wird.

Erneuern Sie und führen Sie auffällige Aktionen durch, in den sozialen Netzwerken gibt es kein besseres Symbol als die Veröffentlichung von Nachrichten, solange Sie die beste Seite hinter einem Spiel präsentieren können, können Sie diese Maßnahme leicht einhalten, und das Endergebnis ist, dass Sie eine große Öffentlichkeit für Ihre Inhalte gewinnen.

Verstärken Sie das Thema Ihres Kanals, es ist wichtig, den gleichen Stil beizubehalten, der Sie als Gamer ausweist. Das Wichtigste ist also, das Thema Ihres Kanals nicht zu vernachlässigen, Sie können nicht zu einem anderen Stil wechseln, da dies nur zu einem starken Rückgang der Nutzerzahlen führt.

Schaffen Sie energiegeladene und ansteckende Inhalte. Es gibt kein besseres Geschenk für Ihre Zuschauer als eine Sendung, die viele Emotionen hervorruft, also müssen Sie bei der Übertragung eines Spiels eine maximale Verbindung herstellen, damit Sie nach der Entwicklung ein großartiges Gefühl hinterlassen, um Ihre Videos erneut zu besuchen.

Setzen Sie die Interaktion an die erste Stelle. Das Publikum schätzt vor allem die Verbindung des Youtubers mit seinen Kommentaren, also sollten Sie sich auch Zeit nehmen, um zu antworten, zusätzlich zu der Kreativität, die Sie haben können, um Herausforderungen, Umfragen oder jede andere Aktivität zu erstellen, die die Beteiligung der Nutzer weckt.

Fortschritte nach jeder Veröffentlichung, im Laufe der Zeit ist es entscheidend, dass Sie sich verbessern können, deshalb ist es ein Muss für Sie, die Bearbeitung und die Thumbnails an die erste Stelle zu setzen, sowie Ton und Bilder, da alle Nutzer die Qualitätssteigerung schätzen.

Verlieren Sie nicht die Konsistenz, wöchentlich oder monatlich, ist es notwendig, eine Organisation zu veröffentlichen, um den Platz in den sozialen Netzwerken nicht zu verlieren, dies führt dazu, dass die Follower Ihre Inhalte nicht vergessen können, es ist wichtig, diese Bindung mit dem Publikum zu pflegen, damit Ihre Identität als Influencer nicht verloren geht.

Studieren Sie Ihre Inhalte, Sie müssen sich die Mühe machen, Ihre Inhalte gründlich zu analysieren, vor allem die mit den meisten Besuchen, um das Muster, das Sie verfolgt haben, genau zu verfolgen, durch eine Selbstkritik können Sie wichtige Schlussfolgerungen ziehen, um auf diesem Weg bei der Erstellung von Videos fortzufahren.

Wenn du diese Tipps befolgst und dich an sie hältst, wirst du in der Lage sein, die bestmöglichen Inhalte zu veröffentlichen. Wie du siehst, ist es eine Menge Arbeit und Hingabe, es ist einfach, aber du musst auf jeden Aspekt achten, um erfolgreich zu sein und deinen Lebensunterhalt als Gaming-Influencer zu verdienen.

Die Tipps, die Sie wissen müssen, um ein Videospiel-Influencer zu werden

Mit hochwertigen Informationen und nützlichen Ratschlägen über die Welt der Spiele können Sie sich in großem Stil als

Influencer etablieren, und diese Maßnahmen sind der Schlüssel dazu:

Qualität steht an erster Stelle, Sichtbarkeit und Expansion in allen sozialen Netzwerken ist das Ziel eines jeden Influencers. Aus diesem Grund ist es am besten, häufig Inhalte zu veröffentlichen, aber wenn man konstant ist, kann man die Qualität nicht außer Acht lassen, da sie eine Variable ist, die man nicht verhandeln kann.

Vernachlässigen Sie Ihre Plattformen nicht, jeder digitale Kanal ist ein Fenster, um sich der Welt als Qualitätsgamer zu präsentieren. Wenn Sie also auf die Veröffentlichung verzichten, geben Sie sowohl den Marken als auch den Anhängern ein schlechtes Bild ab, die wichtigste Antwort ist, sich als engagierter Gamer mit Neuigkeiten zu präsentieren.

Wählen Sie die perfekte Nische, kümmern Sie sich um die Idiome ist eine Verteidigung, so dass die Popularität, die Sie erreicht haben, nicht zusammenbricht, ist die beste Lösung, um jede der Alternativen zu untersuchen, so dass Sie sich in einem sozialen Netzwerk, das Sie beherrschen und vor allem, dass mit Ihrem Spiel kompatibel ist zu machen.

Es sorgt für eine stabile Leistung. Bei Live-Übertragungen gibt es kein wichtigeres Element als Audio und Video zu schützen, denn sie sind die grundlegenden Kommunikationsmittel, um eine enge Verbindung zu Ihrem Publikum herzustellen.

Eignen Sie sich mehr Wissen an. Je weiter Sie in der Welt der Spiele vorankommen, desto wichtiger ist es, sich mehr Fähigkeiten anzueignen, sowohl im technischen Bereich der Veröffentlichung von Inhalten oder der Generierung von Traffic, als auch in der Praxis eines Spiels, um all Ihre Fähigkeiten hervorzuheben und ein viel attraktiverer Spieler zu sein.

Es ist ein Privileg, jeden Schritt auszuschöpfen, bis man sich der Welt als Influencer präsentieren kann, dies ist ein klarer Aufbau des eigenen Images, je mehr Publikum man sammeln kann, desto mehr wird man eine große Waffe genießen, um über den Gaming-Trend bekannt zu werden.

Wissen, wie Sie Ihre Spielinhalte bewerben können

Jede Art von Start verdient Aufmerksamkeit, aber mit der Zeit werden die Aktionen immer vertrauter, es ist ein Weg, der nicht mit Verzweiflung vereinbar ist, Sie können diese Tipps nach und nach entwickeln, so dass Sie mit immer mehr Besuchern rechnen können, solange Sie Unterhaltung und Qualität bieten, werden Sie wirklich wachsen.

Wenn Sie die Erstellung Ihres Kontos und die Organisation der Inhalte abgeschlossen haben, müssen Sie als Nächstes für diese Inhalte werben, um eine höhere Einschaltquote zu erzielen:

Teilen Sie Ihre Inhalte in allen sozialen Netzwerken. Sie können Facebook, Twitter und andere Netzwerke nutzen, um Ihren Kanal zu verbreiten, wobei es sogar sinnvoll ist, einige Inhalte auf WhatsApp zu teilen, damit Ihre Bekannten Sie mit Ansichten unterstützen und Relevanz gewinnen.

Wenn du spielst, solltest du versuchen, dich mit anderen Youtubern abzustimmen, damit mehr Nutzer dich kennenlernen können. Wenn der andere Account Follower hat, kannst du das ausnutzen, damit auch sie dir folgen und so deinen Account in großem Stil wachsen lassen.

Bitten Sie um Empfehlungen: Sobald Sie in der Lage sind, qualitativ hochwertige Inhalte zu erstellen, gibt es reichlich Gelegenheit für andere Youtuber, Ihren Kanal zu empfehlen.

Entscheiden Sie sich für bezahlte Anzeigen. In sozialen Netzwerken wie YouTube haben Sie die Möglichkeit, Anzeigen zu schalten, bei denen jede Person, die darauf klickt, Kosten für Sie verursacht, aber wenn sie Ihren Kanal abonniert und bei ihm bleibt, können Sie die gewünschten Einnahmen erzielen.

Entwerfen Sie die Titel und Beschreibungen entsprechend der Suchanfragen. Die Hauptmethode, um Besucher zu gewinnen, sind die Suchanfragen auf YouTube, deshalb müssen die Titel und Beschreibungen auf diese Dynamik ausgerichtet sein, mit den Millionen von Suchanfragen haben Sie einen ganzen Leitfaden zur Auswahl.

Diese Alternativen zur Förderung Ihrer Gamer-Inhalte sind ein guter Präzedenzfall, Sie können jede gründlich untersuchen, so dass Sie die eine, die die meisten Ergebnisse erzeugt implementieren können, hinter der Fülle dieser Wege oder Optionen ist eine klare Möglichkeit, Einkommen zu verdienen, indem sie ein Influencer auf der Gaming-Welt zu sein.

Die Formel, um Marken anzuziehen und als Gamer Geld zu verdienen

Die Berücksichtigung von Marken in der Spielewelt wird mit der Zeit immer offensichtlicher, aber es ist kein einfacher Weg, um Einnahmen zu generieren, da Marken nicht danach streben, Produkte zu verschenken, sondern eher in eine viel natürlichere Art der Werbung investieren und ihr Publikum als Brücke haben.

Eine Möglichkeit, als Influencer im Gaming-Umfeld zu wachsen, besteht darin, Produktrezensionen zu veröffentlichen, ständig Beiträge zu verfassen und hochgradig interaktive Streams zu kreieren, in denen Sie die Erwähnungen einfangen können, die beiden Parteien gefallen.

Das Ideal eines Influencers ist es, um jeden Preis für die Verbreitung von Kommentaren und Inhalten des Videospielunternehmens verantwortlich zu sein, denn beide haben gemeinsam, dass sie das Beste für das Videospielpublikum suchen, das eine wichtige Gemeinschaft in der Welt ist.

Die Attraktivität der Videospiele und des Marketings ist auf die Technologie zurückzuführen, und auch für andere Marken ist es eine große Besessenheit, wie es zum Beispiel bei Coca Cola der Fall war, und innerhalb dieser Dynamik kann man auf zwei Arten Geld verdienen:

Geld

Marken bieten in der Regel eine klare monatliche Zahlung, um einen Boden, im Gegenzug für die Verbreitung einer Werbebotschaft, die sie begünstigt, ist dies ein großartiges Ergebnis, das Sie erreichen können, wie Sie geträumt haben, zu setzen.

Produkte

Als Teil der Entschädigung für die Empfehlung ihrer Produkte erhalten Sie von bestimmten Marken einen großen Anteil an Testprodukten, damit Sie Ihre Meinung dazu abgeben können, was bedeutet, dass Sie in den Genuss von Spitzentechnologie kommen oder diese Produkte verkaufen können.

Wenn Sie einmal eine enge Beziehung zu einer Marke aufgebaut haben, müssen Sie die Marke nur noch weiter ausbauen, damit sie sich mit den von Ihnen gesendeten Inhalten wohlfühlt. Auf diese Weise werden Sie für andere Marken interessant, und je mehr Buchungen Sie erhalten, desto höher werden Ihre Einnahmen sein.

Werde ein Gamer-Influencer auf Twitch

Heutzutage ist eine große Anzahl von Youtubern auch Teil von Twitch, da es sich bei beiden um leistungsstarke soziale Netzwerke handelt, die als Möglichkeit zur Ausstrahlung von Werbemaßnahmen fungieren. Auf diesen Plattformen gibt es große Marken, die ein Sponsoring ausstrahlen möchten, daher sind sie ideale Szenarien, um Geld zu verdienen.

Um auf Twitch zu wachsen, muss man sich wie auf YouTube engagieren, aber der Unterschied besteht darin, dass man ständig die Möglichkeit hat, sich durch einen Livestream zu präsentieren, weshalb diese Plattform zu einer der besten für diesen Zweck geworden ist, wo die meisten der Community mit Unterhaltung zu tun haben.

Die Expansion von Twitch hat dazu geführt, dass es ein ideales Umfeld für einen Influencer ist, vor allem für die Durchführung von Promotionen und Aktionen aller Art. Sie brauchen also echte Daten, die Sie an die Spitze bringen können, denn als Influencer müssen Sie Ihr Engagement und Ihre Leidenschaft für das Gaming unter Beweis stellen.

Um die Aufmerksamkeit der Nutzer dieses Mediums zu gewinnen, ist es notwendig, eine flüssige und konstante Übertragung auszustrahlen. Aus diesem Grund können Sie Ihre Inhalte mehrmals in der Woche ausstrahlen, aber auch nach einem 2- oder 3-stündigen Inhalt suchen, für den Sie Zeitpläne entwerfen können, die Ihnen, aber auch Ihren Zuschauern gefallen.

Über den Zeitplan hinaus ist es wichtig, auf die Profilinformationen zu achten, eine Präsentation als Influencer, die Sie nicht verpassen dürfen. Hinzu kommt, dass Sie sich fragen müssen, was Ihr Publikum will, was anfangs eine komplizierte Frage ist, aber Sie können sich auf das konzentrieren, was Sie mögen und was Sie gut können.

Anstatt sich nur von den Erwartungen des Publikums aufhalten zu lassen, können Sie kontrollieren, was Sie über sich selbst vermitteln. Das ist der Sinn, andere für Ihre Inhalte zu gewinnen, aber in der Mitte eines Kanals ist es entscheidend, dass Sie nicht in Gewohnheiten verfallen, so dass Sie die Reaktion des Publikums auf Ihre Inhalte genau im Auge behalten können.

Der größte Vorteil, den Sie bieten können, ist eine große Vielfalt an Wissen und Nachrichten, so dass das Publikum durch das, was Sie tun, definiert werden kann, selbst wenn es sich um ein Spiel mit geringer Popularität handelt, liegt es an Ihnen, die Sendungen mit Leben zu füllen, in denen Sie auf Charisma setzen können und alle süchtig machen.

Der Persönlichkeitstyp eines Influencers auf Twitch

Als Influencer sind Sie es dem Publikum und vor allem Ihrer Persönlichkeit schuldig, die Sie ausstrahlen. Deshalb ist es auch wichtig, den Charakter zu bestimmen, den Sie Ihren Anhängern präsentieren, damit Sie die Anhängerschaft erreichen:

Heben Sie sich von der Masse ab, um diese Aufgabe zu erfüllen, können Sie einen innovativen Ansatz verfolgen. Solange Sie sich von anderen unterscheiden können, wird es für Sie von Vorteil sein, es gibt viele Techniken, die Sie anwenden können, um sich leicht abzuheben.

Um das Interesse des Publikums aufrechtzuerhalten, soll ein Kanal aufgebaut werden, der als unterhaltsam bezeichnet werden kann. Bevor Sie jedoch als Influencer bezeichnet werden können, müssen Sie eine sympathische Persönlichkeit zeigen, damit Sie für andere Nutzer besser erreichbar sind.

Mangelnde Erfahrung oder fortgeschrittene Kenntnisse über ein Spiel können durch Kommentare zu einigen Spielen ersetzt werden, man kann sich sogar kritisch zu einigen Spielen äußern, wichtig ist nur, dass man etwas zu bieten hat, das seine Authentizität zeigt.

Sie müssen kein Experte für Videobearbeitung oder Informatik sein, solange Sie sich auf Ihre Präsentation für das Publikum konzentrieren können, wird Ihre Popularität in hohem Maße steigen.

Aber in diesem Bereich, genau wie bei YouTube, kommt es auf das Design an. Solange man eine einzigartige Note vorweisen kann, hat man gute Chancen, ein Influencer zu werden und vor allem mit mehr Sponsoren in Kontakt zu treten, denn diese Tätigkeit macht viel Spaß, solange man den Spaß an jedem Spiel nicht verliert.

Neben dem Design müssen Sie sich auch um den Aspekt der Interaktion kümmern, so dass sich ab der Übermittlung einer Nachricht alles doppelt lohnt. Solange Ihnen die Gesprächsthemen nicht ausgehen oder Sie einen klaren Stil bei der Übermittlung haben, werden Sie bei dieser Entwicklung keine Probleme haben.

Der Eindruck, den Sie bei den Nutzern hinterlassen, ist ein Detail, das Sie sich nicht entgehen lassen dürfen. Ein Tipp, um Vergesslichkeit oder Nervosität zu vermeiden, ist die Erstellung von Dialogen, damit Sie sich in der Sendung wohler fühlen, denn wenn Sie das Publikum einfangen können, werden Sie zu einer echten Online-Berühmtheit.

Wie man auf Twitch Geld verdienen kann

Die Vorteile der Verwendung von Twitch als Nische für Ihr Influencer-Ziel sind durch die Vielfalt der Optionen zu fördern und Einkommen zu generieren, ist dies aufgrund der unzähligen Marken, die auf der Suche nach Gamer oder bieten Affiliate-Optionen, um mehr online zu verkaufen sind gefunden. Viele Werbekampagnen erreichen ein höheres Niveau, wenn sie auf Twitch beworben werden, so dass es sehr verlockend und nützlich ist, ein Influencer zu sein:

Werben Sie durch die Übertragung eines Logos auf Twitch

Die einfache Aktion, ein Logo in der Mitte der Sendung zu zeigen, wird auf Twtich zu einer Form der Werbung, da es sich für die Marken um eine Lücke oder einen Zeitraum handelt, in dem die Nutzer aufmerksam werden und das Logo assoziieren, weshalb die Marken diese Art von Vertrag mit dem Influencer schließen.

Die Etablierung von Logos, indem man live dabei ist, stellt eine einfache, aber effektive Einnahmequelle dar. Es ist das, was man braucht, es ist Teil einer Idee, die jeder Marke zum Wachstum verhilft, und Influencer sind viel motivierter, weil sie mit der Nutzung ihres Bildes Einkommen erzielen.

Erstellen Sie einen Abschnitt mit Markeninformationen

Sobald Sie eine Sponsoring-Möglichkeit gefunden haben, müssen Sie sie erwähnen oder in einem privilegierten Abschnitt vorstellen. Auf diese Weise werden die Besucher auf diese Website verwiesen, und es besteht die Möglichkeit, bezahlte Links zu platzieren, so dass Sie diesen großen Vorteil für beide Seiten schaffen können.

Chatbots implementieren

Die Automatisierung wird auch in Ihrer Karriere als Influencer Realität. Im Fall von Chatbots erfüllen sie die Aufgabe, die Interaktion mit den Nutzern zu regeln, und in diesem Medium können Sie auch gesponserte Links teilen, so dass die Zuschauer diese Art von Werbebotschaft verbreiten können, mit der Sie Einkommen erzielen.

Der im Chat aktivierte Befehl ist für die Übermittlung eines Textes an den Betrachter verantwortlich, der bei jeder Eingabe die von Ihnen im Bot voreingestellte Reaktion auslöst.

Spezieller Titel für Twitch-Promotions

Das Thema der Videos dient nicht nur als Beschreibung, sondern auch als Information über das Sponsoring und kann auch dazu verwendet werden, über neue Befehle zu informieren, wofür ein #ads oder #sponsored nach dem gesponserten Inhalt eingefügt werden kann.

Probleme mit Beiträgen in sozialen Medien

Damit gesponserte Inhalte ein hohes Maß an Online-Verkehr genießen, müssen Sie darüber nachdenken, die Informationen über soziale Medien zu verbreiten. Diese Art der Verbreitung ist wichtig, um eine große Reichweite zu erzielen, so dass mehr Menschen die Werbung auf eine viel direktere Weise sehen können.

Diese digitale Möglichkeit führt dazu, dass die Werbung kreativer wird, so dass mehr Nutzer an Aktionen auf Twitch teilnehmen können. Es ist ein außergewöhnlicher Weg, um ein hohes Maß an Engagement zu erreichen, es ist interessant, sich in dieses Medium zu wagen, so dass man durch das Spielen auch kommerzielle Verbindungen schaffen kann.

Sie sind Optionen, die Ihnen zur Verfügung stehen, wenn Sie ein hochkarätiges Konto aufbauen. Sie werden zu einer interessanten Figur für Marken, weil diese in Ihnen eine Lösung sehen, um mehr Menschen zu erreichen.

Die Chance, als Facebook-Gaming-Influencer erfolgreich zu sein

Nur wenige sind sich der Funktionen und des Potenzials von Facebook Gaming bewusst, obwohl es sich um eine weitere Plattform für Liebhaber von Videospielen handelt, die zwar noch im Wachstum begriffen ist, aber dennoch eine globale Verbindung herstellt und der sozialen Vernetzung einen großen Schub verleiht.

Der Aufstieg der Videospiele hat dazu geführt, dass kein soziales Netzwerk die Aktion des Teilens dieser Art von Inhalten ignorieren kann. Nach und nach gewinnt Facebook in der Welt der Spiele einen großen Beliebtheitsgrad, und es ist immer noch ein sozialer und interaktiver Raum, um sich als Influencer zu präsentieren und seine Inhalte zu teilen.

Die Werbetaktiken, die in diesem Umfeld entwickelt werden können, sind interessant, weshalb die Rolle des Marketings für diese Missionen von entscheidender Bedeutung ist. Facebook Gaming selbst übertrifft nicht einmal YouTube oder Twitch, aber Sie können diese Maßnahmen umsetzen, um Ihre Präsenz in diesem sozialen Netzwerk zu erhöhen:

Bauen Sie Ihr Image beim Publikum auf: Sie dürfen die Community nicht aus den Augen verlieren, d. h. Spiele sind genauso wichtig, aber es wäre ein Fehler, nicht alle Funktionen dieses sozialen Netzwerks zu nutzen, um sich als Gamer zu positionieren, dem man folgen oder den man in Betracht ziehen sollte, insbesondere angesichts der großen Wachstumschancen in diesem Bereich. Ihr Profil sollte einen unverwechselbaren Stil ausstrahlen, bis es zu einem erfolgreichen Weg wird, aber Sie müssen sich darüber im Klaren sein, was Sie über sich selbst mitteilen möchten.

Planen Sie im Detail: Influencer brauchen einen klaren Ausgangspunkt, denn die Nutzer wollen durch die Art der von Ihnen verbreiteten Inhalte abgelenkt werden. Je mehr neue

Ideen Sie also haben, desto besser können Sie sich orientieren, aber Sie müssen auch den Markt untersuchen. Um Zugang zu mehr Möglichkeiten zu haben, müssen Sie wissen, was es da draußen gibt, und auch die modernen Trends kennen, damit Sie Neuigkeiten aus der Spielebranche auf Facebook teilen können.

Setzen Sie Prioritäten: Alles, was ein Influencer tun muss, ist die Durchführung kreativer Maßnahmen, bei denen Sie eine Reihe herausragender Personen versammeln müssen. Auf Facebook müssen Sie sich um die Gestaltung von Logo, Titelbild und Social-Media-Buttons kümmern, da dies grundlegende Schritte sind, um ein großartiges Image zu entwickeln und sich als Profi zu profilieren.

Teilen Sie Streaming-Inhalte: Der beste Weg, um ein Gamer mit mehr Präsenz zu sein, ist die Übertragung der Inhalte, die Sie über Streaming auf der Seite auf Facebook erstellt, so dass, wenn ein Benutzer durchsucht Sie können Sie leicht finden und genießen, was Sie erzeugen, gibt es viele Ideen, um diesen Zweck durchzuführen.

Alles, was Sie über Gaming-Marketing wissen müssen

Das Spieleumfeld befindet sich noch immer in einem ständigen Umbruch, es ist zu einem Ökosystem geworden, das das Engagement auf breiter Ebene steigert, da es eine Basis für

Millionen von Anhängern und vor allem Fans von Videospielen auf der ganzen Welt ist, daher wurden die entsprechenden kommerziellen Strategien in dieser Aktivität festgelegt.

Ein Videospiel hat sich zu einer umfassenden Unterhaltungsaktivität entwickelt, bis hin zu einer interaktiven Aktion zwischen einer Marke und den Fans der Spiele, die sich von einem großen Spaß zu einem Ziel entwickelt, weshalb die Schaffung von Inhalten als Bindeglied zu Dritten an Bedeutung gewinnt.

Aus diesem Grund macht Gaming-Marketing mehr Sinn, denn es geht darum, Inhalte aus diesem Bereich zu nutzen, damit die Verbraucher eine Verbindung herstellen können, wodurch sie zu potenziellen und interaktiven Nutzern der Marke werden.

Dies ist ein weiteres Beispiel für die industrielle Revolution 4.0, bei der der Kontakt mit dem Verbraucher eine der latentesten Verbindungen war, was zu einer großen Veränderung führt, die es dem Spieler ermöglicht, ein Einflussnehmer zu sein, der die Marke begünstigt.

Alles entsteht aus der Schaffung von Live-Inhalten, die sowohl für eine Marke als auch für die eigenen Fähigkeiten eines Spielers einen hohen Wert haben. Aus diesem Grund werden immer mehr Möglichkeiten geschaffen, an Streaming-Plattformen teilzunehmen,

Es ist wirklich eine alltägliche Tatsache, dass man von der einfachen Handlung des Spielens leben kann, vor allem wenn man Millionen von Anhängern hat, da viele Marken weiterhin in diese Nähe zum Publikum investieren, in diesem Sinne verursacht das Spielen ein hohes Maß an Aufmerksamkeit und ist zu einem Investmentfonds geworden.

Die Geschäftsmodelle in der Welt des Glücksspiels sind mit Sponsoring, Sportrechten und Merchandising verbunden, so dass man darüber nachdenken kann, ein Unternehmen in diesem Sektor zu gründen, sogar von Grund auf, man muss nur das Beste aus dem Glücksspiel mit einer Marketingstrategie verbinden.

Die Mythen, die die Spielewelt überwunden hat

In der Vergangenheit wurde jede Art von Spielaktivität als Laster abgestempelt, als totale Zeitverschwendung oder auch als Einschränkung für diejenigen, die behaupteten, dass dies eine reine Männerwelt sei oder dass Videospiele genauso schädlich seien wie Drogen.

Die letzten Jahre haben jedoch für sich selbst gesprochen, denn durch große Zahlen und ihren Erfolg hat dieses Medium an Bedeutung und Wert gewonnen, immer mehr Menschen schließen sich der Gamer-Erfahrung an, das Prestige, das dieses Ökosystem gewonnen hat, hat alle Mythen beiseite geräumt, die die Menschen davon abhielten, ein tolles Videospiel zu genießen.

Spiele sind heute Teil zahlreicher Initiativen auf der ganzen Welt, darunter in den Bereichen Gesundheit, Bildung, Kindererziehung, Gamification, Teamwork usw. Es gibt also viele Ansätze, um Einfluss zu nehmen, was bedeutet, dass Videospiele in eine globale Kultur übersetzt werden können.

Wenn Sie diese Leidenschaft für Spiele haben, wird der Rest für Sie sehr einfach sein, Sie werden anfangen, den Prozess zu genießen. Das nächste, worauf Sie sich konzentrieren müssen, ist, mit Anhängern in Kontakt zu treten, ein Publikum aufzubauen und sie in Kunden für Ihr kommerzielles Angebot zu verwandeln.

Es gibt nicht viel zu bedenken, wenn es darum geht, jede sich bietende Gelegenheit in diesem Bereich zu nutzen, weshalb es auch üblich ist, Kurse und Schulungen zu finden, um in diesem Umfeld schnell aufzusteigen, aber ohne Vorkenntnisse braucht man mehr Zeit, weshalb jede Aufklärung motivieren sollte.

Alles über Social Gaming Marketing

Um als Gamer-Influencer zu wachsen, müssen Sie alles über die besten Strategien wissen, die Sie entwickeln können, vor allem mit der großen Macht, die von sozialen Netzwerken erzeugt wird, vor dieser wichtigen Entwicklung, müssen Sie nur mehr direkte Formen der Kommunikation kennen, so dass die Welt der Videospiele in all ihrer Pracht übertragen werden kann.

Angesichts dieses Szenarios, Social Gaming Marketing stellt eine wichtige Maßnahme, um diese Aufgabe zu erreichen, wo Sie decken und berücksichtigen die Gewohnheiten der Verbraucher, werden diese eine Motivation oder der Norden, um jeden Fortschritt, der auf der Videospiel-Industrie, die durch mehr Releases geboren wird, ist authentisch zu folgen. Evolution ist die Tatsache, genau zu folgen, vor allem mit der Wolke, und jeder kann diese Art von Funktionen zu verwenden, und werden Sie Teil dieses vielversprechenden Thema, sobald Sie Zugang zum Internet haben, nur eine einfache "Play"-Taste, trennt Sie von einem großen Maß an Online-Popularität.

Das Interesse des Marketings innerhalb der Spielerszene ist auf die Macht zurückzuführen, die es in der Welt erzeugt, und das Spielen in Kombination mit den sozialen Medien gibt eine riesige Menge an Informationen ab, von den Spielern bis hin zu der Art und Weise, wie sie spielen wollen, und wird daher als eine sehr reiche Datenbank verstanden.

Die Rolle des Social Gaming Marketing

Social Gaming Marketing basiert auf einer Modalität zur Anwendung von Designs und Operationen auf traditionelle Videospiele, bei der verschiedene Sektoren dafür bezahlen, ein Minimum an Zugang zu dieser Datenbank zu erhalten, und daher Influencer anheuern, um eine ganze kommerzielle Strategie durchzuführen, von der beide Seiten profitieren.

Die Kommunikation mit den Followern sollte viel dynamischer sein, um mehr Informationen von ihnen zu erhalten, vor allem, wenn Sie ein großes Publikum haben, können Sie diese Art von Maßnahmen entwickeln, bei denen die Marke versucht, teilzunehmen und alles zu wissen, was über die Gaming-Welt durch Ihre Inhalte gedacht oder gesagt wird.

Der Eintritt in die Welt der Verbraucher wird durch alle Arten von beliebten Spielern generiert, also muss man eine anspruchsvolle Leistung erbringen, aber vor allem ohne die menschliche Seite zu verlieren, damit die Marken nicht so aufdringlich auf die Follower wirken, das ist das Gleichgewicht, für das ein Influencer verantwortlich ist.

Die Pflege der Inhalte spielt eine Schlüsselrolle, denn es ist zwar gut, Geld zu verdienen, aber man darf die Leidenschaft für jedes Spiel nicht verlieren. Wenn man also wächst, muss man effektive Integrationen vornehmen, damit die Interaktion mit den Nutzern nicht verloren geht, sondern im Mittelpunkt des Engagements der Spieler steht.

Immer mehr Unternehmen beteiligen sich an dieser Investition in Influencer, was darauf zurückzuführen ist, dass Apps und Spiele stärker genutzt werden, so dass die Interaktion mit den Nutzern wichtig ist, um eine größere Zuverlässigkeit bei der Markteinführung zu erreichen, und für den Influencer bedeutet dies, dass er Geld verdient.

Die Macht der Videospiele im digitalen Medium

In sozialen Netzwerken ist der Spielwert präsent geworden, der Spaß an diesem Thema ist jetzt Teil der digitalen Medien, um einen großen angenehmen Austausch zu ernten, aber heutzutage sind Videospiele in der Lage, viel mehr zu bieten, und dass der Fortschritt eines Spiels die Sinne der Nutzer erhöht, um in jeder digitalen Plattform zu wachsen.

Das Erfordernis, ein Gamer-Publikum zu haben, ist der Schlüssel, um Botschafter für viele Marken zu sein, und selbst die Gründung einer eigenen Firma ist ein Weg, der in den letzten Jahren sehr erfolgreich war. Man kann nicht übersehen, dass dies für einen Gamer eine Lebensveränderung bedeutet, die dem gleichen Muster folgt wie bei anderen Youtubern oder Online-Stars.

Unabhängig davon, welche Art von Spiel Sie tagtäglich spielen, ist es ein ideales Umfeld, um Bannerwerbung als Einnahmemethode zu implementieren und zu nutzen. Solange Sie es also schaffen, Ihr Publikum für Ihre Inhalte zu begeistern, werden Sie sich in einer hervorragenden Position befinden, um weitere Geschäftsmethoden als öffentliche Person auszuprobieren.

In sozialen Netzwerken steigt deine Popularität wie Schaum, so dass du mit ein wenig Hilfe deutlich aufsteigen kannst, und das alles dank der Tatsache, dass es sich um ein sehr soziales Medium handelt, weil das Internet jeden Winkel der Welt erobert, so dass die Nachfrage nach neuen Inhalten in der Gamer-Welt sehr deutlich ist.

Egal, wo auf der Welt man sich befindet, kann man zum Publikum vordringen und eine tiefgründige Botschaft über ein Spiel vermitteln, die Verbreitung von Videospielen kennt keine geografischen Grenzen und eröffnet daher viel mehr wirtschaftliche Möglichkeiten.

Solange es eine große Anzahl von Nutzern online gibt, ist es eine Gelegenheit für Sie, Ihr Spiel oder eine andere Vision zu zeigen. Wenn Sie die persönliche Entwicklung Ihres Spiels als Influencer in Angriff nehmen, erhalten Sie folgende Vorteile:

Wachstum

Der globale Markt, den die Welt der Gamer darstellt, ist sehr differenziert. Wenn Sie also Ihre Fähigkeiten verbreiten, haben Sie einen großen Magneten in der Hand, um online zu wachsen, zusätzlich zu der Demonstration Ihrer Persönlichkeit, denn Charisma ist das, was die Nutzer wirklich fesselt. Bei so vielen angeschlossenen Nutzern ist die Übertragung von Aktivitäten zweifellos ein großer Vorteil, vor allem, wenn Sie versteckte Daten über Ihre Lieblingsspiele preisgeben, denn diese Art von Informationen ist ein Köder für eine große Anzahl von Nutzern.

Nach der Macht der sozialen Netzwerke ist dies ein Unternehmen, das nicht untergeht, solange man unter einer totalen Renovierung bleibt, wird man nicht an Gültigkeit verlieren, aber man kann von Follower zu Follower wachsen, so dass man eine hohe Publikumsmacht über bestimmte Fernsehprogramme bekommt, es ist ein exklusiver Weg.

Sie engagieren sich leidenschaftlich gerne

In jedem sozialen Netzwerk ist das Geheimnis von allem das Engagement, ohne dieses Element macht keine digitale Plattform Sinn. Deshalb geben viele Marken Zahlungen aus und führen Umfragen durch, um Daten von den Spielern zu sammeln und so mehr Engagement, eine echte Beziehung zu jedem Follower zu erreichen.

Wenn du im Spiel gewinnst, wirst du berühmt.

Das Spielerlebnis ist eine wichtige Einführung in die Rolle des Spielers, es wird zu einem sozialen Aktivposten, den man als Marketingstrategie nutzen kann. Alles, was Teil des Spiels ist, verschmilzt mit der eigenen Persönlichkeit, um diese Influencer-Persönlichkeit zu schaffen, und je mehr Levels man erreicht, desto mehr gedeiht man in den Medien.

Es ist wichtig, dass Sie immer wieder eigene Elemente oder Zeichen einbauen, so erhalten die Spieler mehr Interesse von Ihren Anhängern, so wird es einfach, Aktionen oder Angebote zu machen, um den Kurs innerhalb der virtuellen Welt zu ändern, die eine Lösung für die Nutzer sein kann.

Sie können monetarisieren

Sobald Sie sich in einer angesehenen Position befinden, können Sie die Macht der Spielewelt auf verschiedene Weise nutzen, um Geld zu verdienen. Zuallererst können Sie viele Verbindungen zu Marken oder Unternehmen in diesem Bereich herstellen, da Sie das Bindeglied zwischen der Marke und dem Nutzer sind.

Die unzähligen Möglichkeiten, Geld zu verdienen, ermutigen immer mehr Menschen, Influencer werden zu wollen, so dass Sie auf dem richtigen Fuß beginnen können, indem Sie diese grundlegenden Begriffe berücksichtigen, wo Sie zu einem profitablen Niveau in jeder Hinsicht klettern können, gibt es keinen Zweifel, dass die virtuelle Welt eröffnet Möglichkeiten für Sie vollständig.

Die Inhalte, die ein Gamer-Influencer erstellen sollte

Genauso wie eine Marke versucht, online eine große Wirkung zu erzielen, lebt auch ein Influencer von seinem Image. Das Engagement hört nicht auf, nur weil er aufhört, Videos-

piele aufzunehmen, sondern wird zu einer persönlichen Gewohnheit, bei der er der Welt viel mehr von seiner persönlichen Seite mitteilt, die sich auf die Spielewelt konzentriert.
Bei der Veröffentlichung von Inhalten müssen Sie den Ton Ihres Stils in jedem sozialen Netzwerk angeben, wobei es von entscheidender Bedeutung ist, einen völlig frischen, konsistenten Start zu schaffen, um Ihren Anhängern einen guten Dienst zu erweisen, damit Sie dann die folgenden Tipps umsetzen und in jeder Online-Ecke glänzen können:

Aktualisieren Sie Ihre Statusmeldungen und senden Sie Ankündigungen: In jedem sozialen Netzwerk müssen Sie Ihr Publikum auf dem Laufenden halten. Durch einen Status oder einen Inhalt können Sie der Welt Ihre Fähigkeiten mit Beständigkeit mitteilen; für einen Influencer ist es ein Muss, die Kommunikation mit seinen Anhängern maximal zu nutzen. Im Vorfeld können Sie Spannung auf die nächste Sendung als Ankündigung erzeugen, damit die Leute aufmerksam sind, was Sie senden.

Kommunizieren Sie mit Ihren Anhängern: Jedes Spiel verfügt über eine riesige Community, die es anzuzapfen gilt, vor allem, wenn Sie diese Macht in den sozialen Medien nutzen, denn diese sind ein perfekter Weg für alle Arten von Werbeaktionen, bei denen es darauf ankommt, dass Sie Sympathie ausstrahlen, um sich abzuheben. Die Aktivität in den sozialen Medien ist für einen Influencer keineswegs verhandelbar.

Geben Sie wertvolle Meinungen ab: Jeder Gamer hat wertvolle Informationen und Tipps, die er mit der Welt teilen möchte, sowie die Möglichkeit, seine Meinung zu den wichtigsten Ereignissen im Gamer-Umfeld zu äußern, und die Nutzung sozialer Netzwerke ist perfekt für die Bildung dieser Identität. Wann immer Sie können, zögern Sie nicht und sagen Sie Ihre Meinung, denn es ist wichtig, der Welt Ihre Meinung über Videospiele oder diesen Sektor mitzuteilen, auch wenn Sie sie nicht mögen, um ein größeres Publikum zu erreichen.

Zeigen Sie den Blick hinter die Kulissen: Alle Versuche, eine Gamer-Aufnahme zu machen, können sich in pures Gold verwandeln, so dass Sie den restlichen Inhalt nicht ignorieren können, um ihn als Blick hinter die Kulissen zu nutzen und Ihre menschliche Seite zu zeigen, auf der anderen Seite können Sie Seiten oder Situationen aus Ihrem persönlichen Leben integrieren, um eine direkte Verbindung mit dem Publikum zu schaffen.

Erhalten Sie Unterstützung durch Illustrationen wie Memes: Der Austausch von Memes ist ein großer Vorteil für die Nutzer, um sich nahe zu fühlen. Sie können sie selbst erstellen oder sie mit dem Spiel, das Sie spielen, in Verbindung bringen. Um einen Feed humorvoller zu gestalten, ist dies eine effektive Alternative.

Wenn man diese Art von Ratschlägen berücksichtigt, ist das pure Kreativität, so dass man auf seinem Social-Media-Profil viel zu bieten hat. Dabei darf man nicht aus den Augen verlieren, dass man als Gamer eine Art von Nähe braucht, um zu wachsen, und dass man als Influencer ein klares Synonym für Geselligkeit ist, um sich der Welt zu öffnen.

Marketingstrategien, um ein Gamer-Influencer zu werden

Videospiele haben sich zu einem globalen Unterhaltungskanal entwickelt, wie die immensen Zahlen von 2,6 Milliarden Spielern weltweit zeigen. Jeder dritte Mensch verbringt mindestens 7 Stunden pro Woche mit Spielen, so dass sich die virtuelle Spielwelt zu einem echten Beruf entwickelt.

Wenn Sie nicht wissen, wo Sie in der Mitte Ihrer Influencer-Präsentation anfangen sollen, brauchen Sie nur 5 Schritte auszuführen, um ein großes Einkommensniveau zu erzielen. Auf diese Weise können Sie Ihre Popularität schrittweise aufbauen, was nach den folgenden Überlegungen Wirklichkeit wird:

Bestimmen Sie Ihr Zielpublikum

Nach all der Zeit, die Sie für das Spiel aufgewendet haben, müssen Sie einen Weg finden, um so schnell wie möglich

Interaktionsergebnisse zu erzielen. Aus diesem Grund müssen Sie, bevor Sie beginnen, eine Planung über Ihre Zielgruppe aufstellen, um dies zu beantworten, müssen Sie vollständig die Art des Sektors kennen, den das Spiel umfasst oder dem es gewidmet ist.

Das Wichtigste ist, dass Sie die Eigenschaften des Videospiels, das Genre und die damit zusammenhängenden Themen studieren, damit Sie Inhalte für diesen Markt oder dieses Publikum bereitstellen können.

Dieser Prozess wird als Segmentierung bekannt, so dass durch die Schaffung dieser Start, können Sie Werbung in einer besseren Art und Weise zu konzentrieren, um die Inhalte in der idealen Art und Weise ausgesetzt werden, in dem die Anhänger wie sie, in Bezug auf das Alter, ist es am besten, eine allgemeine Maßnahme zu wählen.

Inmitten dieser Studie können Sie auch eine Darstellung Ihres idealen Kundenprofils annehmen, so dass Sie strukturieren können, worauf Sie Ihre Beiträge in den sozialen Medien ausrichten können, oder Sie können sich dafür entscheiden, für diese Art von Analyse zu bezahlen, die wertvoll ist, um ein Gefühl für die Richtung zu bekommen.

Anfangs haben Sie vielleicht Zweifel an bestimmten Publikumsmustern, daran, ob Ihr Geschlecht oder Ihr Spiel eher männlich oder weiblich ist, und so weiter, damit Sie wissen, womit Sie es zu Ihrem Vorteil zu tun haben, das Gleiche gilt für die Art des sozialen Netzwerks, das sich als kompatibler mit der Spieldynamik erweist.

Die Beherrschung des Publikums, auf das man sich stützen will, ist von entscheidender Bedeutung. Daher ist es wichtig, die Art der Personen zu definieren, die man erreichen will, damit man die Art des Angebots, das man an die Fans weitergeben will, frei gestalten kann; daher muss man seine Ideen auf dieses Ziel hin entwickeln.

Finden Sie die richtige Plattform, um sich als Gamer vorzustellen

Wenn Sie sich entschieden haben, welche Art von Follower Sie ansprechen möchten, müssen Sie als Nächstes auf der für diesen Zweck am besten geeigneten Plattform werben. Die wichtigste Frage ist, wo Ihre Inhalte die größte Wirkung auf die Menschen haben werden, was angesichts der Vielfalt der Medien kein Hindernis darstellt.

Anstatt keine Möglichkeit zu haben, mit den Fans deines Spiels zu kommunizieren, wurden im Laufe der Zeit YouTube, Twtich, wie oben erwähnt, genutzt, aber als Influencer kannst du dein persönliches Image in anderen gängigen Medien wie Instagram und Facebook stärken.

Diese Plattformen sind sehr beliebt, um jede Geschichte in der Gamer-Welt auf kosteneffektive und skalierbare Weise zu erzählen. Für jedes dieser sozialen Netzwerke müssen Sie eine andere Art von Präsenz implementieren, damit Sie sich voll und ganz darauf einstellen können, was Sie in diesen sozialen Medienfunktionen suchen.

Verbindungen zu Influencern herstellen

Indem Sie ein soziales Netzwerk finden, das zu Ihnen passt, sowohl für den Broadcast- als auch für den sozialen Aspekt, können Sie Allianzen innerhalb des geselligeren Umfelds eingehen, um ein Spiel mit mehr Wirkung anzubieten, ein guter Weg ist, das Influencer Marketing genau zu verfolgen, da es eine Gelegenheit ist, mehr Menschen näher zu kommen.

Das ultimative Ziel ist es, Ihre Inhalte einer großen Anzahl von Menschen zugänglich zu machen, und diese Art von Marketing ist eine Aufgabe, die auf allen Arten von Plattformen entwickelt werden muss. Die Ergebnisse dieser Versuche sind bewiesen, wobei Sie nur eine Person brauchen, die Ihr Konto in ihren sozialen Netzwerken bewirbt.

Das Wissen, das Sie über einen Sektor haben, ist von entscheidender Bedeutung zu teilen, das heißt, all Ihr Talent über ein Spiel wird die wichtigste Ressource zu verwenden, um Inhalte mit anderen Influencern zu generieren, vor allem unter Ausnutzung der Tatsache, dass Sie die Art der Follower, die Sie wollen sehr klar haben, durch die Segmentierung Sie einen großen Vorteil erwerben.

Die Qualität dieser Allianzen stellt sicher, dass Sie Zugang zu 85 % der Personen haben, die diesem Influencer folgen.

Diese besondere Ressource ist ein Werbekanal ersten Ranges, obwohl die zu berücksichtigenden Faktoren sind, ob ihr Publikum mit Ihrem Gamer-Projekt kompatibel ist, denn ihr Publikum wird das sein, was Sie mit ihrer effektiven Vereinigung angeln können.

Der beste Leitfaden, um die richtige Entscheidung zu treffen, besteht darin, immer an das eigene Publikum zu denken. Auf diese Weise ergreift man die Maßnahmen, die in dem Genre des Spiels, das man spielt, viel vorherrschen, und das alles dank der Tatsache, dass man ein Thema als seine eigene Identität aufbaut, die die Definition des Influencers sein wird.

Suchen Sie die Unterstützung von Youtubern und Streamern, um großartige Inhalte zu erstellen.

Live-Streaming ist eine großartige Möglichkeit, Ihre Fähigkeiten der Welt zu präsentieren. Durch diese Aktivität können Sie ein kühnes Gamer-Image vermitteln, z. B. indem Sie mit anderen geschulten Personen wie Youtubern und Streamern zusammenarbeiten, die andere Arten von Spielen spielen, die mit Ihren eigenen kompatibel sind.

Jeder Videospielfan liebt die Reaktionen, die nach einer Online-Kollaboration oder einem Event auftreten. Dies ist eine Gelegenheit, sich von einer höherwertigen Seite zu zeigen und einen direkten Weg zu potenziellen Anhängern zu finden, indem man durch die Veröffentlichung in diesen sozialen Netzwerken mehr Ansehen erlangt, und nicht alle sind Spiele.

YouTube als leistungsstarke Videoplattform wurde jahrelang als einzige Möglichkeit angesehen, um zu zeigen, wie man Spiele spielt, aber jetzt kommt Twitch hinzu, wo Inhalte über Spiele besser verdaut werden können, und alle Werte, die man über ein Spiel hat, können in diesem Medium offengelegt werden.

Treffen Sie die 6 Herausforderungen für Videospiel-Influencer

Die Follower in der Gamer-Welt verdienen es, in den Genuss einer anderen Art von Inhalten zu kommen, aber vor allem eine andere Art von Dynamik hervorzurufen, um die Interaktion mit den Followern zu wecken, ist der Schlüssel zum Erreichen des höchsten Niveaus als Influencer, diese Art von Aktivitäten ist spannend und Sie können diese Ideen berücksichtigen:

Versuchen Sie nicht zu schreien

Diese Art von Herausforderung ist ein Klassiker in den sozialen Medien, der als Antwort auf die Youtuber entstanden ist, die ihre "Try not to Laugh Challenge" ausstrahlen, bei der sich jeder Spieler auf seine Kopfhörer konzentriert und manchmal das Licht ausschaltet, um sich in den Spielen zu verlieren, um auf diese Weise große Schrecken und Erfahrungen zu machen.

Ein solcher Scherzkeks-Stil gewinnt an Wert, wenn man eine Herausforderung wie diese durchführt, mit dieser Maßnahme kann man Abonnenten leiden lassen, dies wird wahr, wenn man die typischen Outlast, Amnesia oder andere Lieferungen überfällt, aber wenn man einen höheren Bekanntheitsgrad erreicht, werden die Leute Ihr Geheimnis entdecken, aber es ist eine Sensation zu entdecken, die Aufmerksamkeit erregt.

Entwerfen Sie einen Wettbewerb mit Ihrem Partner

Es ist nicht dasselbe, mit seinen üblichen Inhalten der Beste zu sein, sondern es zu wagen, es durch eine Herausforderung zu beweisen, so dass man eine Person dazu bringen kann, zusammen zu spielen, und so kann man auf die Schaffung einer narrativen Art von Inhalten zählen, wie zum Beispiel Life is Strange.

Abgesehen davon, dass Sie eine andere Person einladen, können Sie sich auch für eine andere Form der Zusammenarbeit entscheiden, bei der Sie die Tastatur und die Maus fernsteuern können. Das ist ein Witz und eine Verbindung von Spieler zu Spieler, die die Geduld auf die Probe stellt.

Rollenspiele

Damit ein Influencer viel mehr mit seinen Followern in Kontakt treten kann, ist es ratsam, Rollenspiele einzubauen, sich ganz auf das Spiel einzulassen, in der gleichen Linie wie das Spielgenre zu agieren, jede virtuelle Welt auf einfache Weise wahr werden zu lassen, das schafft eine große Empathie-Bindung zu den Followern.

Je mehr Sie also Emotionen in Ihr Thema einfließen lassen können, desto mehr können Sie Ihre Follower auf Ihr Thema einstimmen, als wäre es eine Serie oder ein hochwertiger Kurzfilm.

Tag

Um die starre Form des reinen Spielens zu durchbrechen, können Sie eine andere Art von Freizeitinhalten anbieten. Dazu können Sie Tags erstellen, um einen Interaktionspunkt mit den Followern zu schaffen, da Sie die Fragen beantworten werden, die von den Followern auftauchen können.

In der Mitte der Tags, können Sie sich widmen, um zu sagen, was war Ihr erstes Spiel, um ans Licht zu bringen alle Erfahrungen, die diesen Weg bedeutet hat, ist es wie die Öffnung mit Ihren Anhängern zu erklären, die bevorzugte Art und Weise Sie gewinnen, und die Art der Charakter, den Sie bewundern die meisten, diese Daten sind neugierig und engagieren verschiedene Anhänger.

Multitasking

Mit komplizierten Spielen wie Counter Strike kann man es viel interessanter machen, vor allem, indem man Risiken eingeht, man kann für jedes Mal, wenn man getötet wird, Buße tun, diese Art des Spielens ist viel inspirierender, und bei den Nutzern erzeugt es eine große Erwartungshaltung, weil sie sich als Teil der Herausforderung fühlen.

Diese Art von Version ist nützlich für Gruppenspiele. Wichtig ist, dass Sie Regeln aufstellen können, die jeden herausfordern, es ist eine klare Möglichkeit für Sie zu entscheiden, wie diese Aktivität am besten durchgeführt werden kann, mit Methoden und Strafen, die eine echte Herausforderung für jeden sind, Sie können frei wählen.

Spielspezifische Herausforderungen

Inmitten der Vielfalt der Videospiele gibt es eine Auswahl, die nicht sinnvoll ist, um sie mit den Followern zu teilen, d.h. sie wird komplex und unproduktiv, aber es gibt immer eine Möglichkeit, dieses Spiel mit Ihrem Publikum zu teilen, es geht nur darum, die beste Gelegenheit zu finden.

Ein Beispiel für eine solche Maßnahme ist League of Legends. Wie bei ADCs kann man eine andere Art von Influencer herausfordern, der in ein Kampfspiel involviert ist, Punkte oder eine Wette im Allgemeinen gestalten, um sie attraktiver zu machen, und Regeln schaffen, die für alle Spieler interessant sind.

Mit jeder dieser Herausforderungen können Sie eine große Dynamik erzeugen, um die Aufmerksamkeit auf sich zu lenken. Diese Beispiele sind nur der Anfang von allem, so dass Sie Ihrer Herausforderung einen anderen Anlass geben können, damit sie in den Mittelpunkt der Aufmerksamkeit rückt. Wenn Sie diese Ideen genau befolgen, werden Sie eine direkte Verbindung zum Publikum herstellen.

Die Dominanz der Videospiel-Influencer

Das digitale Marketing hat ein Fenster mit großartigen Möglichkeiten für Gamer geschaffen, da sie ihre Nische in jedem sozialen Netzwerk aufbauen können, um sich bekannt zu machen, und je mehr Follower und Interaktionen Sie generieren, desto mehr Ressourcen werden Sie generieren.

175 Milliarden Euro wurden in jedem digitalen Medium, das sich an Gamer richtet, erwirtschaftet, und es wird geschätzt, dass diese Zahlen weiter exorbitant ansteigen werden, so dass Sie als Experte für Videospiele Ihre Ideen in die Praxis umsetzen müssen, um das Publikum zu fesseln.

Die beste Art und Weise, sich in der Welt zu bewegen, indem man seine Fähigkeiten als Gamer einsetzt, besteht darin, jedes soziale Netzwerk in vollem Umfang zu nutzen, und das geht Hand in Hand mit dem Geldverdienen, das mit dieser Aktivität entsteht.

Als Videospieler müssen Sie nur bestimmte traditionelle Werbemaßnahmen durchführen, um das Niveau zu erreichen, von dem Sie immer geträumt haben. Konzentrieren Sie sich also auf die Kraft Ihres sozialen Netzwerks, denn solange Sie ein großes Publikum haben, können Sie eine Nische im Wert von etwa 35 Millionen Euro aufbauen.

Als Gamer musst du dich mehr auf YouTube und Twitch einstellen, als du dir je vorstellen konntest, denn es gibt keine bessere Plattform, um deine Inhalte zu präsentieren. Das ist einfach, weil es nur darum geht, Spiele nachzuspielen, was bedeutet, dass du dich nicht ausschließlich auf die Videobearbeitung konzentrieren musst, im Gegenteil, in diesem Medium ist es nicht komplex.

Nach jeder Spielsitzung ist es wichtig, dass Sie sich in Bezug auf Kommentare, Bewegungen und die Aufrechterhaltung der Sympathie mit den Sponsoren weiterentwickeln, denn dadurch positionieren Sie sich als großer Influencer und strahlen ein professionelles Image aus.

Das ist ein großer Unterschied zu anderen modernen Sektoren, in denen man ein traditionelles Image aufrechterhalten will, aber in diesem Fall kann man seinem eigenen Gamer-Stil folgen.

Die Leichtigkeit der Gamer-Welt besteht darin, dass die Produktion einfach ist, es gibt nicht so viel zu investieren, da es sich um eine Zusammenfassung oder Aufzählung Ihrer Spiele handelt, also ist es eine Industrie, auf die man wetten kann, es ist sehr einfach, solange Sie sich für Videospiele begeistern, es wurde als einfacher Inhalt eingestuft und die Welt des Gewinns ist im Aufwind.

Werden Sie Teil der Influencer-Community

Um dein Leben als Influencer zu verändern, solltest du nicht jeden Ratschlag vergessen, der dir gegeben wird. Vor allem solltest du daran denken, dass das Ziel, das du dir von Anfang an gesetzt hast, das ist, was zählt, denn du solltest nicht nur durch unkontrolliertes Posten Teil dieser Welt sein, sondern durch die Festlegung einer klaren Strategie kannst du dorthin gelangen, wo du träumst.

Entdecke deinen eigenen Stil, denn das ist dein wichtigstes Aushängeschild, mit dem du der Welt zeigen kannst, was du willst. Indem du deine Stärken und Schwächen beherrschst, baust du dir ein solides Image als Influencer auf, bei dem du an allem festhalten musst, was dich auszeichnet.

Verteidige dein gewähltes Thema vom ersten Moment an und auf jeder Plattform, höre nicht auf zu üben und mehr Details des Spiels zu lernen, das ist deine wahre Stärke, vor allem um auf jeder Bühne authentisch zu sein, das ist essentiell für dich, um ein Influencer zu sein, wie es in jeder Idee erwähnt wurde, das Wesentliche ist, die Motivation zu haben, es zu wagen.

Wenn man die Einschränkungen beiseite lässt, kann man heutzutage mit dem digitalen Phänomen viele Barrieren durchbrechen, man hat höchstens die Möglichkeit, Inhalte zu verbreiten, die einem ein glaubwürdiges Bild vermitteln, man kann nicht aufhören, man selbst zu sein, der Rest ist, das Potenzial zu nutzen, das hinter jeder digitalen Plattform steckt, und als Spieler erfolgreich zu sein.

Andere Titel von Red Influencer

Geheimnisse für Influencer: Wachstums-Hacks für Instagram und Youtube

Praktische Geheimnisse zur Gewinnung von Abonnenten auf Youtube und Instagram, zum Aufbau von Engagement und zur Steigerung der Reichweite

Beginnen Sie damit, auf Instagram oder Youtube Geld zu verdienen?

In diesem Buch finden Sie Hacks, um Ihre Reichweite zu erhöhen. Geheimnisse für direkte und klare Influencer wie:

Instagram-Beiträge automatisieren
Wie man Traffic auf Instagram generiert, Tricks.
Instagram Algorithmus, erfahren Sie alles, was Sie wissen müssen
Instagram-Tipps zur Verbesserung der Interaktion mit unseren Followern
18 Wege, um kostenlos Follower auf Instagram zu gewinnen
Lernen Sie mit uns, wie Sie Ihr Instagram-Profil monetarisieren können
Wichtige Websites, um schnell Follower auf Instagram zu bekommen
Instagram-Trends
Leitfaden: Wie man ein Youtuber wird
Wie man ein Youtuber Gamer wird
Hacks, um mehr Abonnenten auf YouTube zu bekommen
Hacks für das Ranking Ihrer YouTube-Videos im Jahr 2020
Hack für Youtube, Ändern Sie Pause-Taste für Abonnement-Taste

Ein Buch, das Ihnen sowohl die allgemeinen Aspekte als auch die Voraussetzungen für den Lebensunterhalt als Influencer aufzeigt.

Wir gehen offen mit Themen wie dem Kauf von Followern und Hacks zur Verbesserung der Interaktion um. BlackHat-Strategien auf Knopfdruck, die die meisten Agenturen und Influencer nicht anzuerkennen wagen.

Wir von Red Influencer beraten MicroInfluencer wie Sie seit mehr als 5 Jahren bei der Entwicklung ihrer Content-Strategie, um ihre Reichweite und Wirkung in den Netzwerken zu verbessern.

Wenn Sie ein Influencer sein wollen, ist dieses Buch ein Muss. Sie müssen sich Kenntnisse über Plattformen, Strategien und Zielgruppen aneignen und wissen, wie Sie eine maximale Sichtbarkeit erreichen und Ihre Aktivitäten monetarisieren können.

Wir haben Erfahrung mit Influencern aller Altersgruppen und Themen, und Sie können auch einer sein.

Holen Sie sich dieses Buch und wenden Sie die professionellen Geheimnisse an, um Follower zu gewinnen und ein Influencer zu werden.

Dies ist ein praktischer Leitfaden für Influencer auf mittlerem und fortgeschrittenem Niveau, die nicht die erwarteten Ergebnisse erzielen oder die stagnieren.

Strategie und Engagement sind genauso wichtig wie die Anzahl der Abonnenten, aber es gibt Hacks, um sie zu steigern. In diesem Leitfaden finden Sie viele davon.

Egal, ob Sie ein Youtuber, Instagrammer oder Tweeter sein wollen, mit diesen Strategien und Tipps können Sie sie in Ihren sozialen Netzwerken anwenden.

Wir wissen, dass es nicht einfach ist, ein Influencer zu sein, und wir verkaufen keinen Rauch wie andere. Alles, was Sie in diesem Buch finden werden, ist die Synthese vieler Erfolgsgeschichten, die durch unsere Agentur gegangen sind.

Influencer Marketing wird es immer geben, egal was Sie sagen. Und es gibt immer mehr Markenbotschafterinnen und -botschafter. Menschen, die wie Sie begonnen haben, an ihrer persönlichen Marke zu arbeiten und sich auf eine bestimmte Nische zu konzentrieren.

Wir lüften im Detail alle Geheimnisse der Branche, die Millionen bewegt!

Sie werden in der Lage sein, unsere Tipps und Tricks auf Ihre Social-Media-Strategien anzuwenden, um die CTR zu erhöhen, die Kundenbindung zu verbessern und mittel- und langfristig eine solide Content-Strategie zu haben.

Wenn es anderen gelungen ist, mit Ausdauer, Engagement und Originalität Geld zu verdienen, können Sie das auch!

Auf unserer Plattform redinfluencer.com **haben wir Tausende von registrierten Nutzern.** Ein Kontaktkanal, über den Sie Ihre Dienste in einem Marktplatz von Bewertungen für Marken anbieten können, und der in regelmäßigen Abständen Angebote an Ihre E-Mail erhalten wird.

www.ingramcontent.com/pod-product-compliance
Lightning Source LLC
Chambersburg PA
CBHW070120230526
45472CB00004B/1341